建築家・ノアノア空間工房代表取締役
大塚泰子

小さな家のつくり方

女性建築家が考えた66の空間アイデア

草思社

ヤマボウシを植えた中庭から、玄関、リビングへと連続性のある空間。木製の玄関ドアはオーダーメイド。開き角度やサイズに工夫を凝らしている。

01 玄関が中庭リビングの家

玄関上は吹き抜けとベランダという
開放感ある構造。

“中庭”を生み出す白壁の「囲み塀」。この
塀と、第一の玄関ドアともいえる門扉がプ
ライバシー空間をつくる。

家族が集まるリビングをいちばんの特等席にしたい——そう考えたら、家族が何度も出入りする玄関と開放感ある中庭につながる場所がいいという答えにたどり着きました。

一般的な玄関の概念を超えた観音開きの大きなガラス扉。そして、リビングの床は地面に近い高さにしました。玄関扉を全開にすると、13畳のリビングに、玄関と中庭が一体化して、大きな空間が生まれました。

LDKは仕切りのないワンルーム構成。階段を中心にした回遊性のある間取り。南側を吹き抜けにしたことで、家の各エリアに自然光が行き渡る。

１階バスルームは、外壁を外側斜めにスライドさせ、天窓（トップライト）を取り付けた。日の入らない１階の北側空間にも自然光を取り入れる工夫。

リビングのとなりはダイニング。ダイニングキッチンの床は、耐久性が高く、汚れにくいタイル張り。

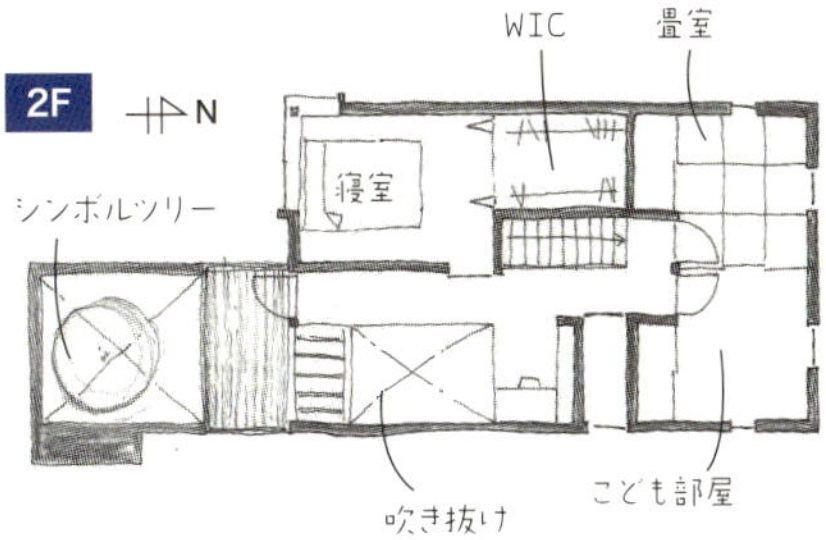

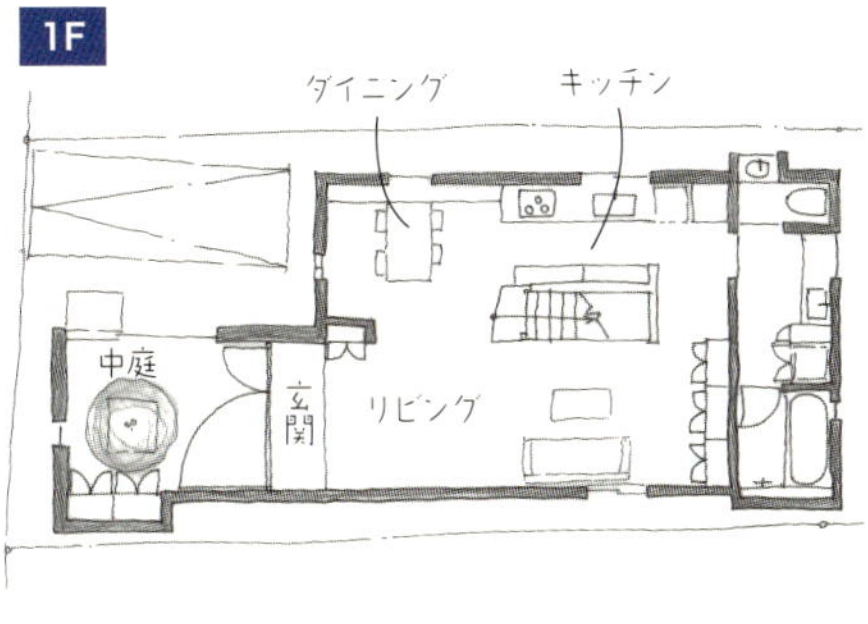

家族構成	夫婦２人＋子ども１人
敷地面積	107.22㎡（32.5 坪）
延床面積	96.75㎡（29.3 坪）
構造	木造２階建て
間取り	3LDK
主要採光面	南
工事費の目安	2500 ～ 3000 万円

敷地の高低差を活かした半階上がりのフロア。壁面下半分のコンクリートは、基礎部分。そのまま見せてアクセントに。土地のデメリットを家の魅力に変えた。

02 中庭をぐるりと囲む回遊の家

家の中心に植えられたヒメシャラの木。子どもたちとともに成長していく家族のシンボルツリー。春には、椿に似た小さな花をつける。

公園のような中庭を家族の真ん中に。中庭をぐるりと囲むように階段と廊下がめぐる回遊性のある家です。高低差のある敷地を活かして、半階ずつ上がっていく構造になっています。中庭を通じて各部屋がゆるやかにつながり、つねに家族の気配を感じとれる住まい。子どもたちも元気いっぱい、縦横無尽に家じゅうを駆け回っています。

小さな中庭でも、南側の階段室をガラス戸で囲むことで、採光＆通風もしっかり確保。

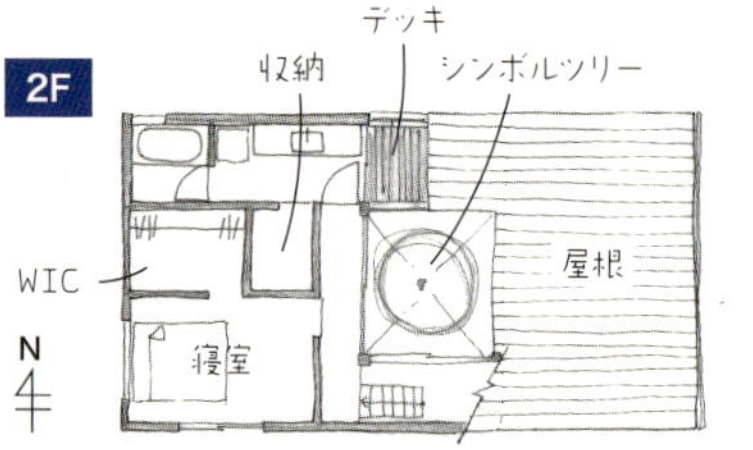

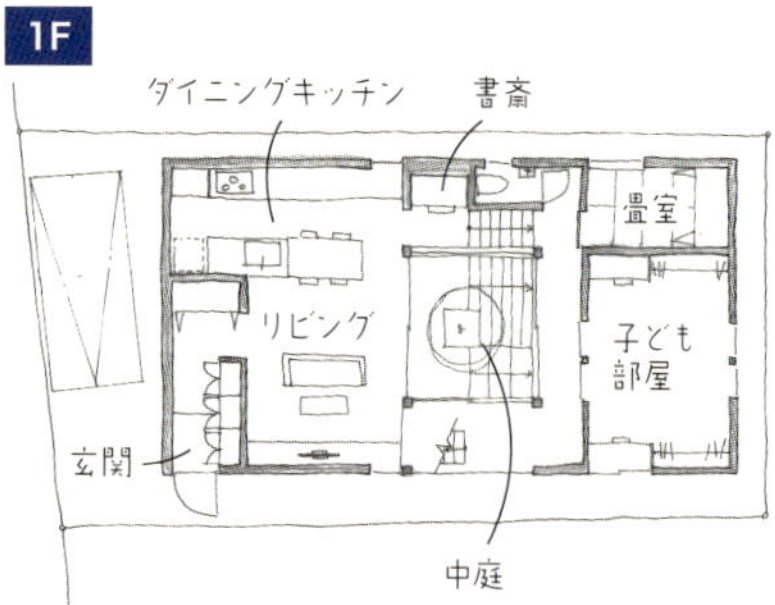

家族構成	夫婦２人＋子ども２人
敷地面積	127.80㎡（38.66 坪）
延床面積	104.57㎡（31.63 坪）
構造	木造２階建て
間取り	3LDK
主要採光面	中庭
工事費の目安	2000～2500万円

中庭に面した廊下の一角を書斎に。こぢんまりとした小さな空間が落ち着く。

階段を上りきった先にはバスルーム＆洗面所。中庭と外部に開かれたデッキでお風呂上がり後の夕涼みも。

2階廊下から中2階の子ども部屋を望む。中庭の階段から、子ども部屋にアクセスも可能。将来、兄弟の部屋を分けられるように2枚の引き戸を取り付けた。

03 和の心地よさを生かした黒塀の家

黒塀で囲われた吹き抜けリビング。家族みんなで塗った色壁が鮮やか。

モダンシックな外観の黒塀の家。屋根まで伸びる木の黒塀は、ほのかに和の雰囲気を感じさせる家の顔。開放的なリビングの立役者です。

高い塀は外からの視線をほどよくさえぎり、リビングのプライベート感を守る役割を果たしてくれます。そして、そのシックな外観とはうらはらに、家の中は明るくのびやかな空間が広がっています。

キューブ型の外観は、金属サイディングのガルスパンと米杉材の木塀によるもの。現代的でありながら、木の塀が柔らかなニュアンスを添えている。

小上がりの９畳のスペースがリビング。吹き抜け天井が空間にゆとりをもたらす。小上がりはダイニングとつなげて、腰かけにもなる。

ベッド、クローゼット、デスクが収まったわずか 3.8 畳の子ども部屋。コンパクトなのにゆとりがあるのは、奥行きを感じさせる色壁と、斜め天井のトップライト効果。

吹き抜けリビングの上は、屋上ベランダにつながる。洗濯物や布団を干したり、夜空を眺めながらのバーベキューなど多目的に使える。都会の家では貴重な外空間。

家族構成	夫婦２人＋子ども２人
敷地面積	70.16㎡（21.2 坪）
延床面積	68.67㎡（20.8 坪）
構造	木造２階建て
間取り	3LDK
主要採光面	南
工事費の目安	2500～3000万円

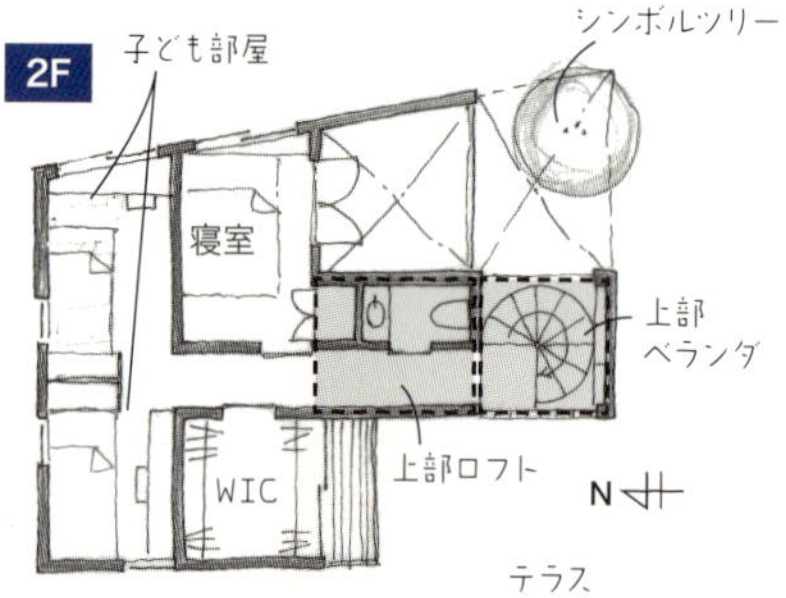

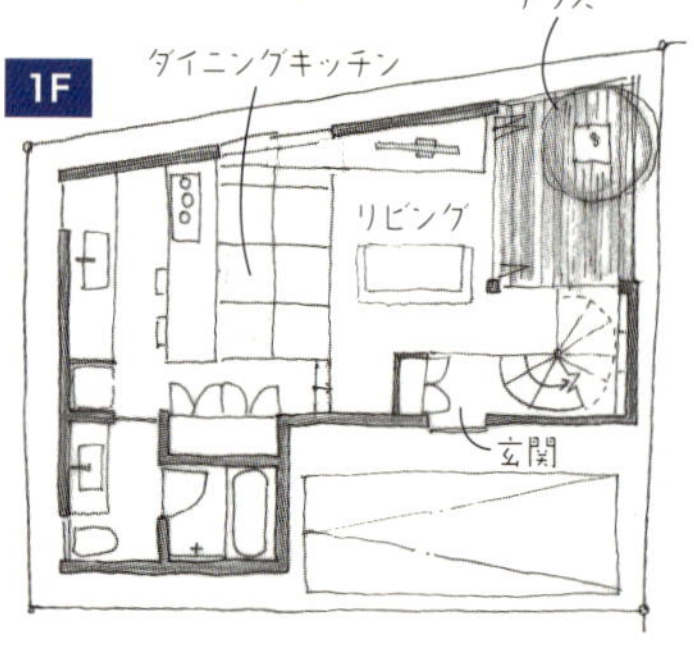

玄関と階段室を一体化することで省スペースと空間の広がりを両立。階段室は「光の筒」として、上階の自然光を下階まで届ける役割も担う。小さな家では、階段室はできるだけ軽やかにするのが空間のゆとりを生む秘訣。

04 光と影の移ろいを楽しむ ミニマムハウス

玄関ポーチから伸びる孟宗竹がリビング前のベランダから顔をのぞかせる。竹は幹の造形も美しい。

外壁と塀が一体化した家。日が暮れると、壁のスリットから光が漏れて柔らかな表情に。

四角い箱型の家に、おりがみのように折り目をつけて、白い壁に陰影をつけました。室内の壁も平面ではなく、折り目や切れ込みを入れることで（次ページ右上写真）、刻々と移ろいゆく光と影のグラデーションが楽しめます。

家の中は余計なものをつくらない、持ち込まないミニマルをコンセプトに。空間だけで贅を味わう家です。

リビング脇の階段ホール。階段室はできるだけ壁で区切らないことで空間の広がりを生む。家の開口部は、壁の重なりや曇りガラスで外からの視線をさえぎっているので、カーテンなしで生活できる。

1階の寝室と予備室。無駄なものは一切加えず、シンプルな空間にした。

隣地と面した北東側にあるサニタリールーム。洗面台上の高い窓で採光を確保。ガラスブロックの壁を通じてバスルームに光がやさしくこぼれる。

白で統一した家の中で唯一、赤と青でシックにまとめたトイレ。

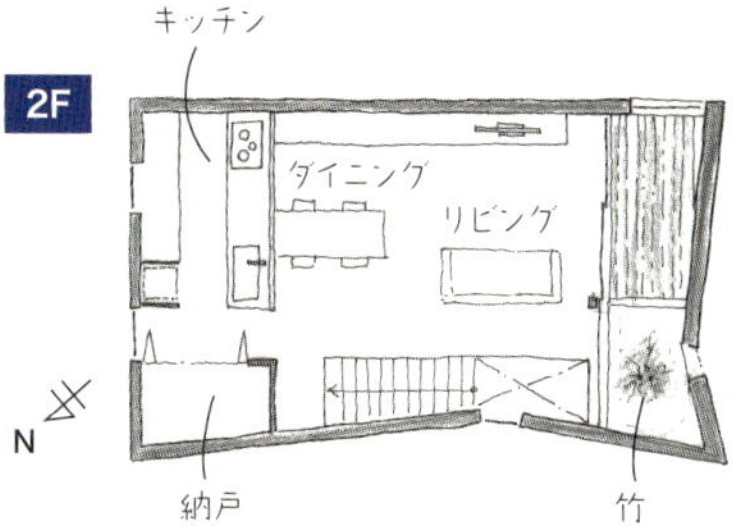

家族構成	夫婦２人
敷地面積	87.97㎡（26.65坪）
延床面積	81.21㎡（24.6坪）
構造	木造２階建て
間取り	2LDK
主要採光面	南西
工事費の目安	2500～3000万円

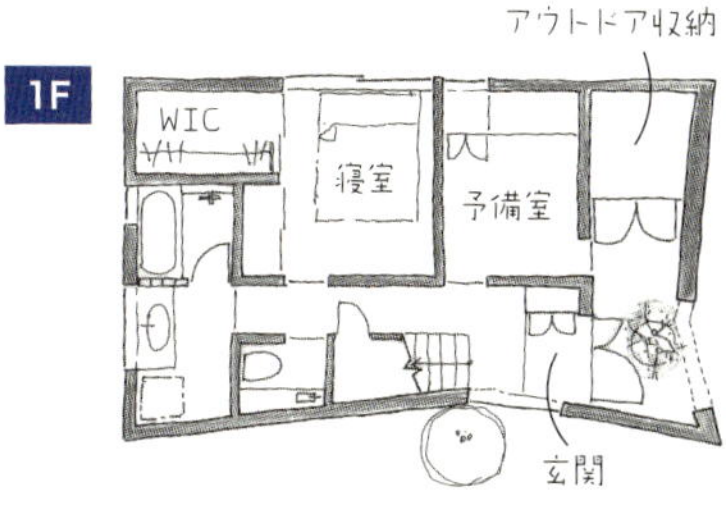

05 お気に入りが生まれる小さな家

6.5畳のリビングダイニングは、テラスとつなげて広さを生み出す。たとえ猫の額のように小さな庭だって、出入りがしやすいテラスにすれば、“部屋の一部”として生きてくる。

延床面積58・8㎡。それでも、豊かな家はつくれます。小さな家に余裕を与えるには、一つの大きな空間をつくること。本来、独立している空間をくっつけてしまうことで、家の中に広がりを感じさせる連続性が生まれ、空間が最大限生きてくるのです。小さな家に「ここが好き！」と思えるお気に入りの空間をあちこちにつくりました。

わずか２畳の和室。押し入れ下を空けることで実質３畳分のスペースに。

玄関ホールと階段室を一つにして、省スペースと採光を実現。

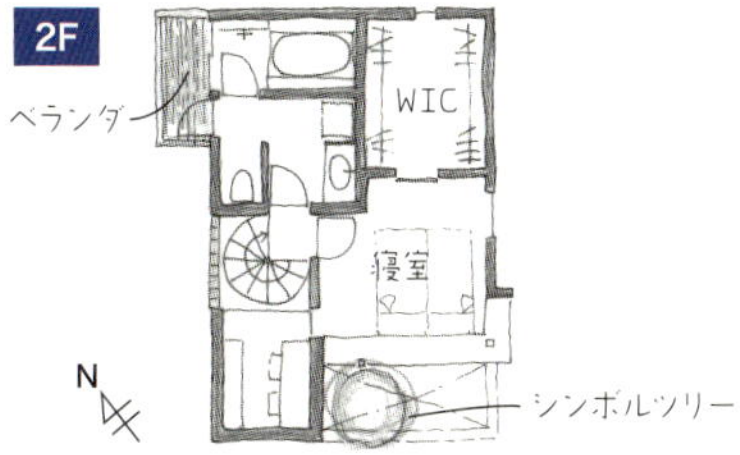

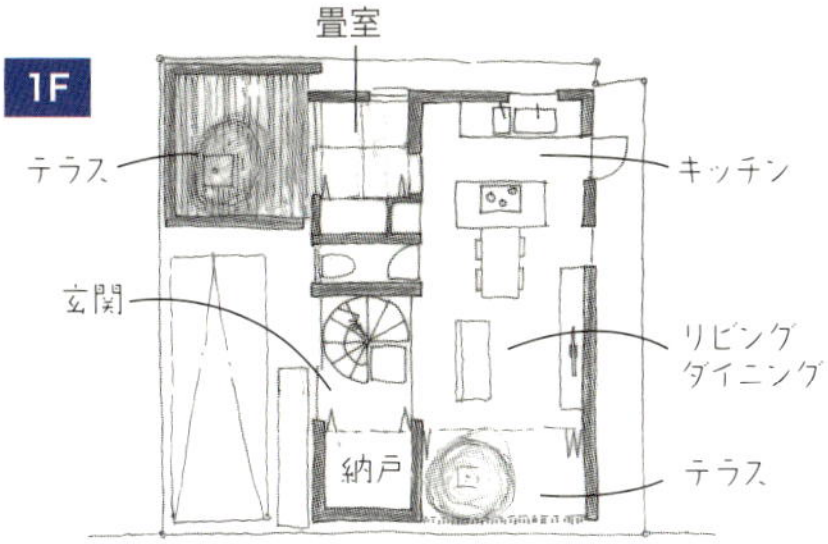

家族構成	夫婦２人
敷地面積	74.27㎡（22.5 坪）
延床面積	58.8㎡（17.8 坪）
構造	木造２階建て
間取り	2LDK
主要採光面	南
工事費の目安	2000～2500万円

キッチンは空間に溶け込むよう白で統一したことで広く見える。

06 一人暮らしが楽しくなるアシンメトリーの家

活用しにくい三角形の土地は、「囲み塀」で坪庭風にすることでプライベート感のある外構空間に。土間のような玄関とフローリングの高低差を抑えることで、空間の連続性をつくった。

家の壁に沿って、同色の外塀をめぐらすことで、塀と建物を一体的に見せている。外からの視線をさえぎりながら、光と風を確保する。

変形を活かして、三角形の洗面台を設置。使いにくい変形の空間を楽しく演出するコーナーの活用例。

6畳の寝室は斜め天井で高いところで3m。白を基調とし、インテリアが映えるつくりに。

三方を道路に囲まれた変形の土地に合わせて、まさにオンリーワンの小さな家が生まれました。三角形の土地を有効に生かすこと、そして、道路からの視線をさえぎりながら明るい室内空間をつくることがテーマ。本来、デメリットになりがちな変形地。それを逆手にとって、空間のアクセントや面白みを生み出す設計を随所に施しました。

家族が泊まれる変形の客間。広さ4.5畳（押し入れ含む）ながら、押し入れ下の床空間を空けたことで、2人は宿泊可能。

道路に面した2階バスルームは、小さな窓と天窓で光と風を確保。窓を開け放って入浴を楽しめる。

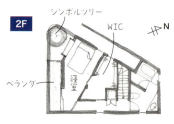

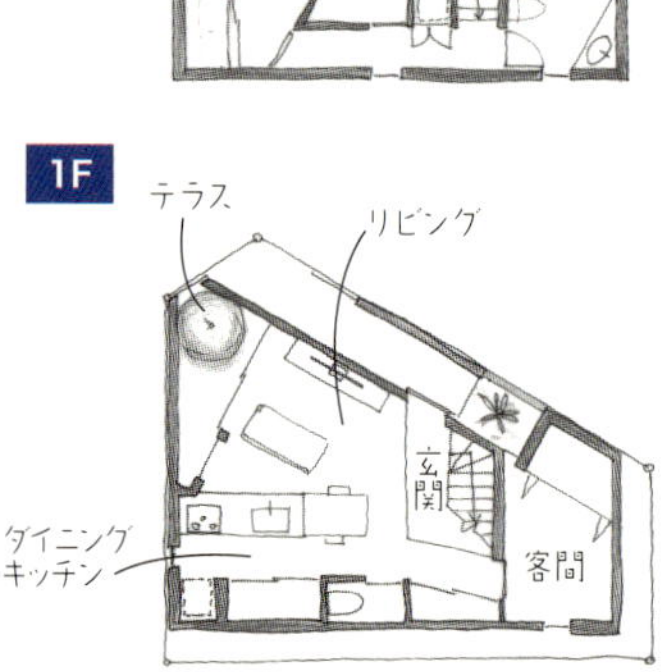

家族構成	単身（女性1人）
敷地面積	55.03㎡（16.6坪）
延床面積	60.56㎡（18.3坪）
構造	木造2階建て
間取り	2LDK
主要採光面	南
工事費の目安	2500～3000万円

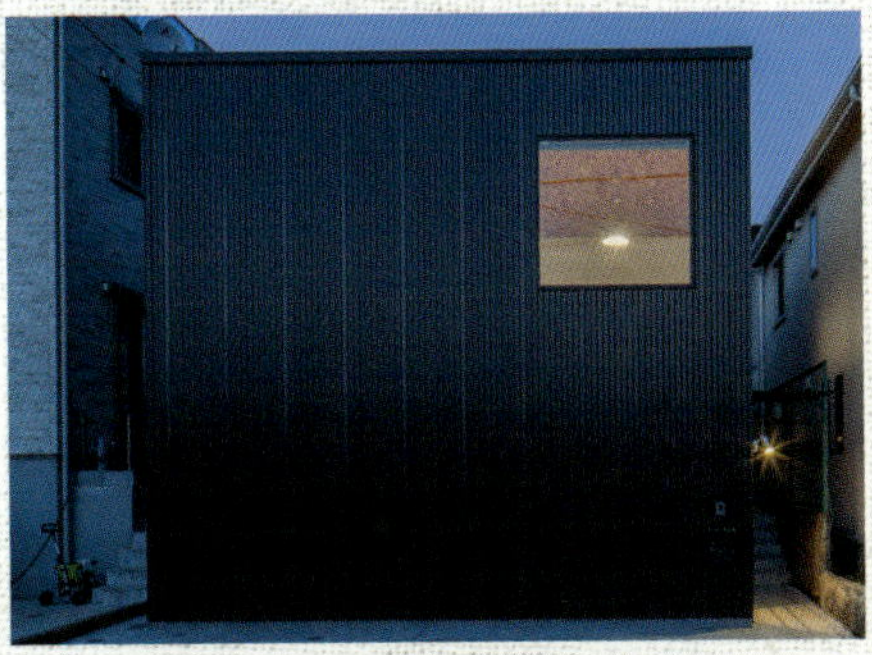

もくじ

1章

小さな家で叶う豊かな暮らし

自分の好きな暮らしが叶う小さな家

小さな家っていいものだ——建築家としてさまざまな家を手がけさせていただくなかで、いつしか私の中で芽生え、確信へとつながっていった思いです。

私の建築事務所には、家にまつわるさまざまな悩みや課題を抱えるお客さんが訪ねてこられます。なかでも圧倒的に多いのは「限られた土地にどうやって理想の住まいを建てるか」というお悩みです。

たとえ猫の額のような小さな土地であっても、「光と風の注ぐ心地よい家にしたい」「家族がゆとりをもって暮らせる住まいにしたい」「自然を感じられる家がいい」などとわが家への夢は尽きません。家を建てることは、施主さんにとっては一生に一度の大イベントであり、ご家族のこの先の幸せを左右します。

私は施主さんが大切にあたためてきた夢を「できない」とむげにするのではなく、「できる方法を考えましょう」と一つひとつ向き合ってきました。

小さなダイニングは窓や天井高で開放感を出す。

それは、施主さんとともにこれまでの家や住まいに関する固定観念を外していく作業でもありました。

たとえば、広さ。一般的には居住スペースは広ければ広いほどよいとされていますが、はたしてそうでしょうか。人が快適と感じるスペースはそんなに単純ではありません。

本を読んだり、ささやかな趣味に没頭するのに、広々とした部屋は本当に快適でしょうか。本当は2畳ぐらいの畳の間が、自分にとっていちばん居心地がよいと感じるスペースかもしれません。

家族がそろって食事をするのに、大きくて豪華なダイニングルームは必要でしょうか？ 食事をとる広さは、4人家族ならば3畳のスペースがあれば十分です。4人が座れるダイニングテーブルが一つ置ければ、家族は寄り添うことができて十分に幸せかもしれません。

ハウスメーカーのモデルルームにあるような、広い玄関やリビングがあって、ダイニングがあって、キッチンがあって、お風呂があって、洗面所があって、トイレがあって、寝室や子ども部屋がある「必要な部屋は全部そろえました。収納もたっぷりありま

玄関とテラス、リビングが一つになることで小さな家に広々とした空間が生まれる。

す」というような家は、はたして皆さん一人ひとりにとっての〝理想の家〟でしょうか？

小さな家を成功させるためには、なんとなく思い描いていた世間一般の家の概念を頭から外してみる必要があるのです。

なぜなら、世間一般の概念にとらわれていると、玄関、洗面所、各部屋のクローゼット、リビングなどの各パーツをいかに土地に収めるか――その視点で家づくりを進めてしまうからです。その結果、家のパーツをぎゅうぎゅうに詰め込んだだけの、せまくて住みづらい家ができあがってしまいがちなのです。

小さな家づくりは、その一つひとつのパーツをまず疑ってみることから始めます。

たとえば、玄関です。小さな家では、どうしても玄関は小さくせまいスペースになってしまいます。それなら、玄関とテラスとリビングをまとめてしまったらどうでしょうか（上写真）。あるいは、玄関と階段室を一体化してしまう方法だってあります（左写真）。

各部屋にクローゼットを付けるだけの余裕がなければ、家族共

玄関と階段室を１カ所でまとめて空間を有効活用。

有のウォークインクローゼットで一括管理してしまう方法があります。そうすれば、子ども部屋も洋服で散らからないし、お母さんも洗濯物の行き来がずいぶんラクになります。

建ぺい率の関係で、リビングがせまくなってしまうならば、リビングの延長にテラスをつなげてみてはどうでしょう（次ページ上写真）。大きな掃き出し窓で開放感を出し、テラスとリビングの床の高さや色のトーン・素材をそろえることで、まるでテラスがリビングの一部のように見えてきます。

こんなふうに家に対する固定観念を外していくと、その人にとっての「理想の住まい」がだんだんと明確になっていきます。「この部屋はうちには必要ないかもしれない」「家じゅうの収納は1カ所にすべてまとめるといいかもしれない」と自由な発想が生まれてくるのです。それが、その方にとっての本当の住みやすい家のかたちです。

固定観念を外した状態で、あらたに家の構成を組み上げてみると、ただ単にスペースのムダを省くだけではなく、ご家族に

リビングにテラスをつなげて、空間に広がりをもたせる。

とってのより暮らしやすい家、より心地よい家ができあがってくるのです。

住み心地は数字より空間で考える

そうはいっても、「小さい家だと何かと不便かも」「実際は住みにくそう」、そんな心配もあるかもしれません。でも、それは家が小さいのが主な原因ではなく、じつは家の大きさに合わせた住宅設計が考え抜かれていないからです。

小さな家には、小さな家のための設計と知恵が必要なのです。小さな家に、大きな家と同じ収納棚を付けたり、システムキッチンを設置してしまえば、人が行き来するスペースがせまくなり、動線が悪くなります。小さい家であることを踏まえて、収納棚の奥行きを減らしたり、小さなキッチンスペースに合わせたちょうどいいサイズのオーダーキッチンを入れるなど工夫が必要です。

私は小さな家こそ、建築家の知恵を上手に活用することが不可欠だと考えています。

小さな個室も、間口いっぱいの窓とテラスで空間のゆとりが生まれる。

空間の立体的な使い方や、採光、通風のための角度や方角など住まいづくりのさまざまな知恵や手法を知り尽くしているからこそ、小さな土地を100%も120%も活かしきった家づくりは実現するのです。

数字で設計すると、小さな家づくりは失敗します。実際に完成した家に入ってみると、想像していたよりせまい――そう感じてしまうのは、数字に頼りすぎたせいです。

多くの人は住宅を選ぶとき、「リビングは何畳?」「延床面積は90㎡は欲しい」などと、まず〝数字〟でその家の〝広さ〟を測ろうとする傾向にあります。

でも、空間の広さやゆとりは、数字では測りきれないことを知っていただきたいと私は思っています。人間が感じる広さは、かならずしも数字とイコールの関係ではないのです。

人が感じる住まいの実感は、もっと複雑であいまいです。窓の大きさ、床や壁の色、素材、天井高、部屋の形によっても、人が感じる感覚はくるくると変わってきます。空間のつくり方しだいで、10畳の部屋よりも、6畳の部屋のほうが広々とした開放感を

小さな庭もシンボルツリーとウッドデッキで素敵になる。

感じることだってあるのです。

小さな家づくりを成功させる考え方のヒントとなるのは〝立体思考〟です。土地の広さは平面ではなく、つねに立体でとらえる必要があります。

使える面積は、あらかじめ決まっています。ならば、いかに立体的に土地をとらえ、ボリュームで空間を広げていくか——それが小さな家づくりの肝なのです。

日本人の暮らしに合った家づくりを考える

そして最後に、小さな家を豊かにするために、最も大切なことをお伝えしたいと思います。

日本人の暮らしに合う家のかたちとは「自然とつながった家」ではないかと私は考えています。日本人は、日々の暮らしの中で、季節の移ろいを感じとり、その一期一会の一瞬を楽しむことに生の喜びを感じ、それこそが粋で豊かな生き方だと考えてきました。

自然とつながった家は、終わりのない絵本のように日々、刻々と

たった2畳の和室でも、
工夫しだいでゆったりし
たくつろぎ空間になる。

変化する姿を私たちに見せてくれます。

　ガラスやコンクリートなどの建材がない時代に建てられた家は、障子一枚で内と外がゆるやかにつながり、縁側がテラスのような役割を果たしていました。

　家の入り口には、土間という、内でも外でもないあいまいな空間が横たわり、そこで台所仕事をしたり、農具の手入れをしたり、野菜を洗ったりと、生活のさまざまな用途に用いられていました。

　たとえば西欧の石造りの堅牢な建物のように、内と外を明確に分けた家ではなく、どことなく開放的で、自然とゆるやかにつながっている家――それが、日本人が心地よいと感じる住まいの原点ではないかと感じています。

　私がめざしているのは、都市においても、自然に寄り添って暮らせる家です。家を設計する際は、どのようにしたら家の中に自然とつながる要素がつくられ、空や庭に抜けた心地よい開放感を演出できるかをいちばんに考えてきました。

　しかし、都会や町の暮らしでは、一つの場所に多くの人が集まり、ひしめき合うようにして暮らしています。ここでかつての伝

統的な日本家屋のような開放感のある家をつくっても、たえず外からの視線にさらされ、周囲と調和せず、暮らしにくいだけです。また、家が密集しているために、そのままでは風通しや採光も確保しにくくなっています。
　そこで、伝統的な住まいの知恵も活かしつつ、隠すべきところは隠したうえで、光と風といった自然の要素をうまく取り入れられる開放的な場所をつくり、自然との接点を家の中にもたらす。それが、私が考える都会でも自然豊かに暮らす小さな家のかたちなのです。

2章 理想の小さな家をつくるために

成功する小さな家づくり7つのルール

小さな家でありながら、自然を感じられる豊かな暮らしを実現するための方法はさまざまあります。その方法を発想ごとに分けると、大きく7つのルールにまとめることができます。

これら7つのルールを前提に家づくりを考えれば、それぞれの土地や予算、家族のライフスタイルに合わせた、小さな家の豊かで楽しい暮らしが実現できます。

左の7つのルールは、小さな家において自然やゆとりを感じることのできる空間づくりを意識して考えられたものです。

「数字」という物理的な制約から解放されて、風や光を家に運び込む空間のゆとりを生む発想と工夫のすべてが、この7つのルールに込められているのです。

❶土地全体を〝家〟にする

限られた土地を100%生かし、室内空間に広がりをもたせるために、「外構部分も住まいの一部」とみなします。

❷外空間と内空間をつなげる

室内空間と外をつなぐ大きな開口部をつくり、開放感とゆとりを生み出します。

❸一石三鳥の空間をつくる

階段や廊下、玄関といった中間エリアにもう一つの機能をプラスします。

❹光と風を呼び込む仕掛けをつくる

立地条件にかかわらず、「窓」と「階段」などをうまく活用することで、日当たりと風通しを確保します。

❺目の錯覚を利用する

空間に抜け感や奥行き感をつくり、視覚的なゆとりを生み出します。

❻フレキシブルな空間をつくる

間取りにライフスタイルの変化に対応できる余裕を残します。

❼大きな木を一本植える

四季の変化を感じられるシンボルツリーを植えて、家に命を吹き込みます。

成功する
小さな家づくり

7つの
ルール

1 土地全体を〝家〟にする

2 外空間と内空間をつなげる

3 一石三鳥の空間をつくる

4 光と風を呼び込む仕掛けをつくる

5 目の錯覚を利用する

6 フレキシブルな空間をつくる

7 大きな木を一本植える

小さな家のルール

1

土地全体を〝家〟にする

家を建てる――そのとき、多くの方は家だけに意識を集中してしまうのですが、家だけでなく、土地全体の空間をどう有効に使うかを十分考える必要があります。

居住スペースを十分に確保しつつ、自然との接点や空間的なゆとりを感じさせる住まいをどう成立させるか。そのためには「土地全体を〝家〟にする」発想への転換が必要なのです。

建築基準法では、地域ごとに敷地面積に対して建てられる建築面積の割合が定められています（建ぺい率）。たとえば、住宅系用途地域で多い「建築面積60％」の建ぺい率を例に挙げると、建物の建築面積は、敷地面積の60％までというルールになります。残りの40％は家ではなく、空地にしなさいということ。

都会の小さな家では、この限られた建ぺい率をどう工面して建物の間取りを考えるかが肝要になってくるのですが、私は建物が建てられない空地40％の部分も〝住まい〟の一部として考えます。この外部空間をいかに有効利用できるか。これが小さな家づくりを成功させるカギとなるのです。

家と外構を一体化させる“囲み塀”。

1

〝囲み塀〟で生まれるプライベート空間

都会における小さな家で、私がよく提案するのは〝囲み塀〟の家です。たとえ小さな庭であったとしても、外壁や塀で土地全体をぐるりと囲い込んで、庭も家の一部としてしまいます。その際、外からの視線が入らないだけの十分な高さの塀で囲むのがポイントです。

一般的に都会における小さな家では、塀や門扉のないオープン外構にして外空間と直接的につなげたり、低い塀で圧迫感をなくすことで、せまい庭を少しでも広く見せようとする試みが見られます。

しかし、実際に住んでみると、気になるのは外からの視線。家がむき出しとなるので、なんとなく落ち着かず、道路に面した部屋の窓はいつもカーテンやシャッターを閉めたまま。庭も〝見せるためだけの空間〟と化し、家族のくつろげるプライベートな空間としては機能しないことが多々あります。また、家の中から見える風景も見栄えするものばかりとはかぎりません。

“囲み塀”の内側に広がる
プライベート空間。

◀（上）エキスパンドメタルの壁で囲んだテラスリビング例。
（下）木の塀で囲んだテラスリビング例。

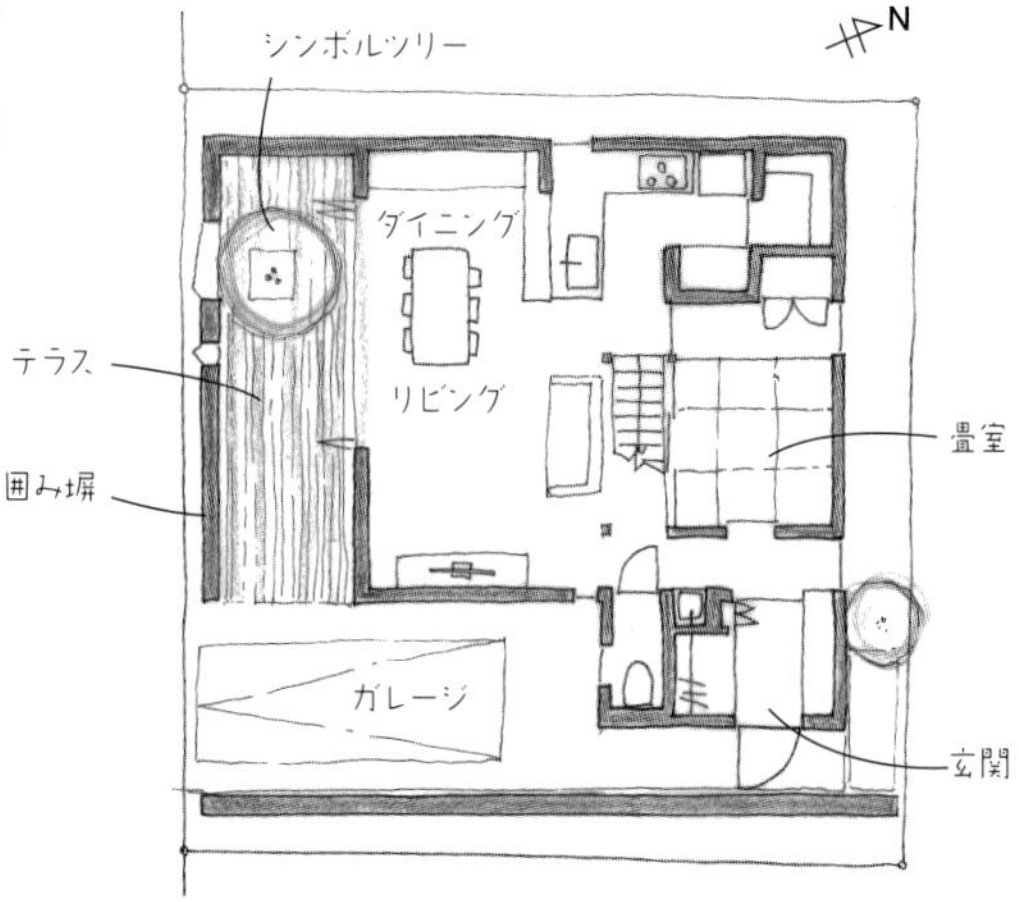

前ページの家の間取り。

そこで思いきって、背の高い塀で土地全体を囲んでしまうことで、都会の家にも使えるプライベートな外空間をつくるのです。高い塀で囲い込むときは、かならず方角や塀の高さや素材、庭の奥行きを緻密に計算して、日当たりや通風が確保できるように設計します。

採光や通風確保のための工夫は、さまざまあります。たとえば、前ページのお宅のように塀に小窓を取り付けるのも一例。小窓部分にはメッシュ状の金属のエキスパンドメタルをはめ込んでいます。あるいは、左ページのように、塀全体をエキスパンドメタルにしたり、木の塀をめぐらせることもあります。あるいは、透かしレンガ積み（48・49ページ）で壁をつくることもあります。

このような素材や構造の工夫をすることで、完全にシャットアウトして閉鎖的な内空間を生み出すのではなく、ゆるやかに視線をさえぎりながら、外の気配が感じられるようにしています。

〝囲み塀〟でプライベート感を出しつつ、視線をさえぎりながら光と風を確保する設計は、都会の家ならではの庭のつくり方です。

家全体を覆う外壁で、片流れ
屋根の家をスクエアに見せる。

2

ビルトインガレージの家に庭をつくる

密集した住宅街に多いのはビルトインガレージの狭小住宅。土地いっぱいに家を建てるので、このタイプの家は庭として使える外構空間がほとんどありません。

そこで提案したいのが2階まで覆ってしまう囲み塀です。こちらのお宅は、1階の玄関ポーチとガレージから2階のベランダまで一面を〝塀〟で覆うことで、プライベートな外空間を楽しめる空間をつくり出しました。また、高さ制限を受けるので、狭小住宅に多い片流れ屋根も塀で覆うことで、スクエアなシルエットに見せる効果もあります。

塀の素材は、透かしレンガや半透明の樹脂板、ガラスブロックやエキスパンドメタルなどの建材を用いて、ほどよく視線をさえぎりつつ、光と風の通り道を確保するようにしています。夜になると、メッシュや格子から家の明かりがやさしく漏れて、昼間とはひと味ちがう、あたたかな雰囲気が漂います。

（上）土地を高い塀で囲んだことで、２階にはリビングとベランダが一体化したプライベート空間、（下）１階には箱庭のような空間が生まれる。

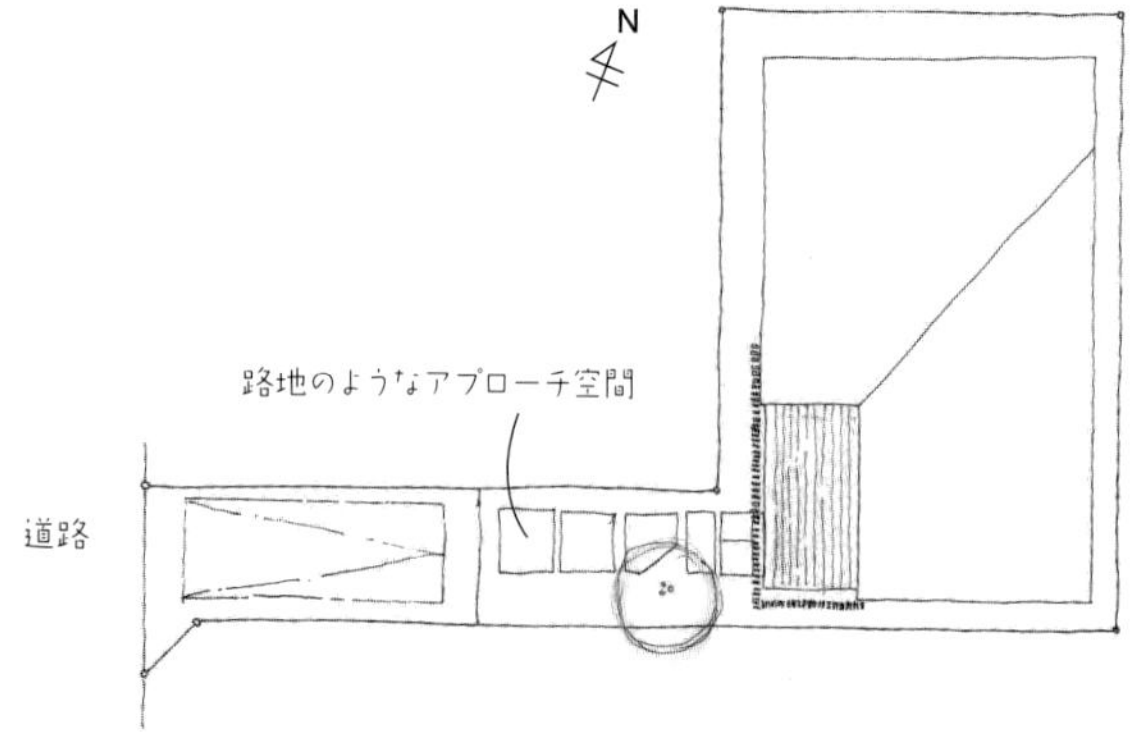

旗竿地は、道路と接した通路部分がせまく、その奥に家の敷地となる土地がある。

3 旗竿地はアプローチと門扉でゆとりが生まれる

旗竿地とは、土地の出入り口となる通路部分があり、その奥に家の敷地となる部分がある変形の土地のこと。言うなれば、敷地部分が旗で、通路部分が竿。竿部分は広さとしては結構あるのに、十分生かしきれず、もてあましがちです。このため、旗竿地は土地全体を有効活用しにくくデメリットが多いとされます。しかし、デメリットとメリットは、コインの裏表。設計の発想で、メリットにひっくり返すことだって可能なのです。

旗竿地のメリットとは、家が奥まっていることでプライバシーが確保された静かな空間があり、そして、玄関までのアプローチが楽しめる家づくりができることです。

これは都会においては、貴重な空間です。たとえば、京都の料亭や旅館では、玄関に至るまでの小路のようなアプローチを巧みに演出し、建物に入るまでの期待感を高めていく効果を生んでいます。アプローチがあることで、家に入る前に気持ちの切り替えができ、初めて来られるお客さんも、アプローチを楽しみながら、

通路から見ると、宙に
浮かび上がったように
見える旗竿地の家。

この先にはどんな家が待っているのだろうと想像を膨らますことができるのです。旗竿地の通路は、上手に空間をデザインすれば、家を楽しむ気持ちをもデザインすることにつながるのです。

つまり、旗竿地のデメリットは一方で「空間のゆとり」というメリットを生み出しているのです。さらには、旗竿地は土地の値段が整形地より安くなることが多いのですから、限られた予算内でいい家を建てたいという方には、むしろおすすめしたい条件でもあるのです。

ただし、旗竿地で気をつけたいのは、採光と通風の確保。その点については、設計上の配慮を要します。左のお宅では、通路部分に接する部分にガラスを全面的に使うことで、しっかり光と風が入り込むようにしています。

また、隣地と接する側は高い位置に窓を付けています。隣家の窓と相対しないようにして、プライバシーを守りつつ光と風を取り込めるようにしました。旗竿地でも設計しだいで、建物が道路に面した整形地と遜色のない環境をつくることができるのです。

旗竿地の通路の先には
ガラス張りの家が佇む。

路地のような
アプローチの
先に木戸の家。

4

門扉は中がチラッと見える工夫を

こちらのお宅は、都会の閑静な住宅地の中の旗竿地。あたたかみのある木製の門扉が、旗竿部分のアプローチとプライベートゾーンを仕切っています。

アプローチは、完全にコンクリートの地面にせず、敷石と砂利で〝路地〟感を演出しました。

門扉は、中がチラッと見えるようなモニュメントを入れたデザインを考えました。シンプルな白い家に、アイアン（鋳鉄）で装飾を施した木の門扉がアクセントになっています。

門扉を開けると、その先は、ウッドデッキが広がっています。建物は道路から見えにくい側に寄せ、高い門扉で視線をさえぎり、プライベートリゾートのような庭空間が生まれました。

奥まった土地という旗竿地ならではのメリットを生かしたことで、「開放的な家がいい」という施主さんご家族の願いが叶いました。

小さな家のルール

2

外空間と内空間をつなげる

人が心地よいと感じる住まいには、いくつか共通項があります。なかでも日本人が快適に感じる、大きな共通項は何かと考えると、自然とゆるやかにつながっている家ではないでしょうか。

日本の伝統的な住まいは、縁側、中庭、障子など自然とのつながりを感じられる仕組みがそこかしこに配され、内と外を巧みにつなげる設計がなされてきました。

たとえば、伝統的な日本家屋には、大きな掃き出し窓があり、布団干し、通路などさまざまな用途に使われる縁側がありました。日本の家においては窓は風景を見るためだけではなく、自然を全身で感じ取れる場所でもあったのです。

そう考えると、家にいながらにして自然を感じられる場所をつくること――それが、室内の快適性を高める重要な答えの一つになります。また、小さな家においては、外への開放感を感じさせる自然を家に取り込むことで、限られた空間に広がりを感じさせてくれる役割も果たしているのです。

5

外空間につながる青空リビング

リビングの掃き出し窓を開け放つと、内空間が外空間とつながる、「リビング＋テラス」の空間が生まれます。

開口部はできるだけ大きくとり、リビングとテラスの床の高さや板の方向を合わせることで、リビングがテラスまで延長して見える効果をねらいました。

さらに、テラスには背の高い塀を設けたことで、外からの視線を気にすることなく、家族がくつろげるように。また、隣地に置かれた室外機や配管なども視界からさえぎることができます。

リビングの上部は、吹き抜けで庭に面した壁がガラス張りになっていて、ソファに腰を下ろしたとき、青い空が視界に入ってきます（左写真）。

敷地の面積は約29坪（94㎡）、リビングは7畳と、数字上ではけっして広い家ではありませんが、外空間を取り込んだ設計をしたことで、広がりを感じさせる心地よいリビングが生まれました。

テラスからの眺め。吹き
抜けのリビングから空が
望める2階の大きな窓。

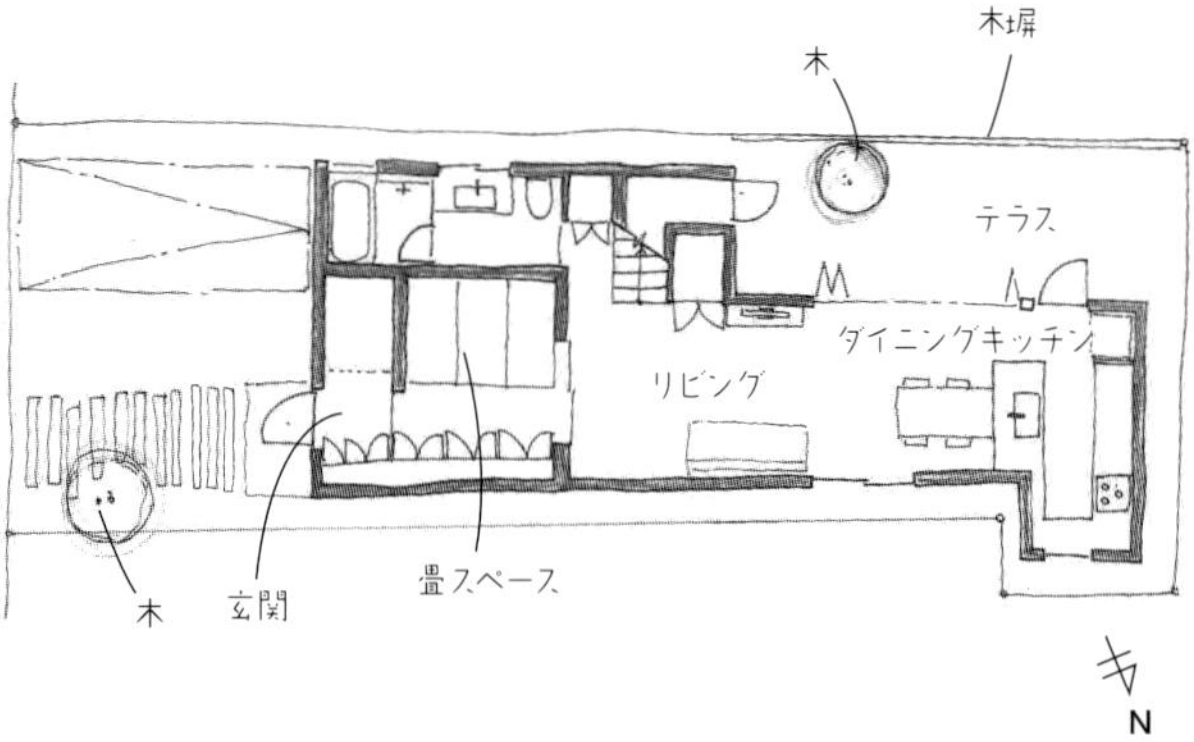

6 2倍に広がるオープンテラスリビング

「友達家族をおおぜい呼んで、ホームパーティをしたい」――そんなご希望から生まれた開放的なテラスリビングの家です。

こちらのお宅は、東西に長い形状の土地。そのため、建物自体も縦長になってしまうのですが、その細長さを生かしたリビングをつくれないかと思案しました。そこで考えたのは、縦長の室内空間に沿うように長いテラスをつくること。テラスの床は、光を反射してより広く見せる白色のタイルを選びました。

掃き出し窓は、リビングに合わせてオーダーしたフルオープンサッシ。テラスとフローリングの高さを合わせて、連続性をつくりました。

天気のいい日は、窓を全開にしてリビングを広げて、外のテーブルで食事をしたり、日なたぼっこをしたりして、テラスが家族のリビングルームになります。外空間を生かしたテラス＋リビングで、家族の楽しみが広がりました。

リビングに広がりをもたらす中庭空間。

7

プライベート感あふれる中庭空間

小さな家でも「中庭」をつくることはできます。

中庭のメリットは、外でありながら、プライベート感あふれる空間であること。外からの視線が完全にさえぎられるインサイド空間になるので、中庭に面したお部屋はつねにオープンの状態で、自然の移ろいを楽しむことができます。

一般的な中庭の場合は、四方を建物でぐるりと取り囲むので、それなりの広さを確保しないと、通風や採光が十分に取れないのが難点です。本来ならば、中庭はそれなりの大きな家でしかつくれない贅沢な空間なのです。

しかし、こちらのお宅はとても小さな中庭ですが、しっかり採光がとれています。中庭を取り囲む壁に窓を多くして抜けをつくったり、各部屋に段差を付けたり、となりにスケルトンの階段室をつくることで光と風を取り込みやすくしたのです。

どの部屋からも望める中庭は、視覚的な広がりとゆとりを与え、実際以上に家を広々と感じさせてくれます。

中2階からの眺め。中庭空間が
家の中心になっている。

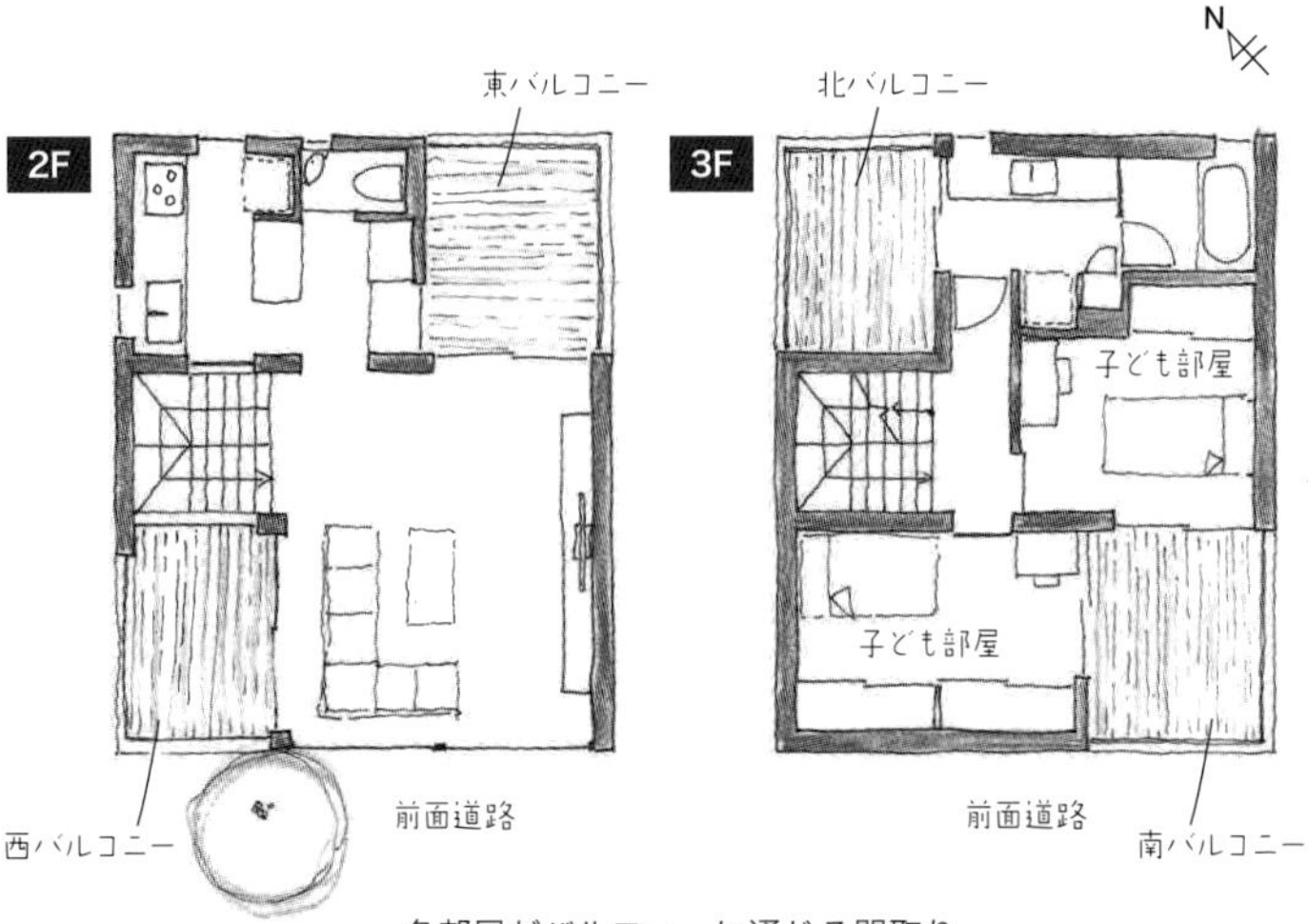

各部屋がバルコニーに通じる間取り。

8

都会の家でも〝空の庭〟は平等にある

約21坪（69・01㎡）の狭小地に、3階建ての家を建てることで、5LDKの居住スペースを実現しました。ただし、のんびりくつろげるような庭をつくるスペースがない――その代わりに充実させたのが、各部屋のバルコニーです。2階、3階は、どの部屋からもバルコニーに出ることができます。

2階には、東側と西側に2カ所、そして、3階には北側と南側に2カ所、つまり東西南北すべてにバルコニーがあります。これらのバルコニーはそれぞれ用途や楽しみ方が異なります。いちばんのびのびと空を眺められるのが、道路に面した南側3階のバルコニー。一方、家の裏側にある北側3階のバルコニーは、洗面所に直結しています。奥まった位置にあるので、お風呂上がりは空を見上げながら夕涼みが楽しめます。また、2階リビングは西と東の2つのバルコニーと直結。12・3畳のリビングをさらに広々と感じさせてくれます。

バルコニーフェンスが光を調整する役割を果たす。

9

北側や西側でも、心地よいバルコニーはできる

心地よいバルコニーは、南側や東側じゃないとつくれない――そう思い込んでいませんか。

こちらのお宅は、西側に大きく開いたダイニングキッチン。背の高いバルコニーフェンスが、夏の強すぎる西日をカットして、南側とほとんど変わりのない環境をつくってくれます。西側は暑くて過ごしにくい空間しかつくれないというのは固定観念にすぎません。光の角度やバルコニーの奥行きを計算して、上手に光をカットすれば、居心地のよいバルコニーは十分つくれるのです。

北向きのバルコニーでも同じような構造です。ここでも活躍するのは、背の高いバルコニーフェンス。南からの日差しを反射して室内を明るく照らす〝レフ板効果〟をもたらします。北側の光は直射日光ではなく、ふわっと包み込むようなやさしい拡散光なので、「光が柔らかくて落ち着く」と施主さんも喜ばれています。北側や西側のリビングやダイニングは敬遠されがちですが、バルコニーを利用すれば、問題なく快適な空間がつくれるのです。

快適なバルコニーのカギとなるのは、高い目隠し塀。西側の場合は西日をカットし、北側の場合は南の光を反射するレフ板効果を生む。

10

外の世界に開けた自宅兼アトリエ

玄関ドアを開けると、床はオールフラット。床より一段下がった三和土《たたき》がなく、いわゆる日本の住宅でいうところの「玄関」をなくしてしまった家です。

こちらは、自宅兼アトリエの家で、入ってすぐアトリエがあり、さらに奥に進むと、バスルーム、寝室が続きます。そして、キッチンやリビングは2階にあります。1階は、すべて床の高低差のないフラットな空間。靴のまま入るので、床材は汚れにくく、掃除がしやすいタイル張りにしています。靴は、寝室のクローゼットに収納するスタイルです。

西洋の家に近い構造ですが、らせん階段の下で靴を脱ぐ生活スタイルなので、和洋折衷ともいえるかもしれません。

自宅兼アトリエの住まいは「職住近接」の利便性はありますが、一方で、生活と職場、内と外の「オンとオフ」の切り替えがつきにくいこともあります。そこで1階は、外から靴のまま出入りできる空間としたことで〝外〟としての概念を取り入れてみたのです。

小さな家のルール

3

一石二鳥の空間をつくる

小さな家をつくるとき、玄関、階段、廊下などといった部屋と部屋をつなぐ「中間エリア」は、限られたスペースを奪う場所取りの空間とみなされ、小さくつくられて隅にひっそりと追いやられがちです。

しかし、この中間エリア、無駄な空間とあなどることなかれ。じつは住みやすさや暮らしにゆとりを生む大切な役割があるのです。ですから、私はなるべくゆったりとゆとりある空間にするようにしています。

限られたスペースの中で中間エリアをゆったりとつくるコツは、「もう一つの用途をプラスしてみる」ことです。

たとえば、玄関をリビングの一部にしてしまったり、間接照明を配することでギャラリー空間としたり――。

つまり、一石二鳥、あるいは、一石三鳥の空間にしてしまうのです。中間エリアを、心の余裕を生み、生活のささやかな楽しみを生む場所だと考えてみると、いろんな可能性が見えてくるはずです。

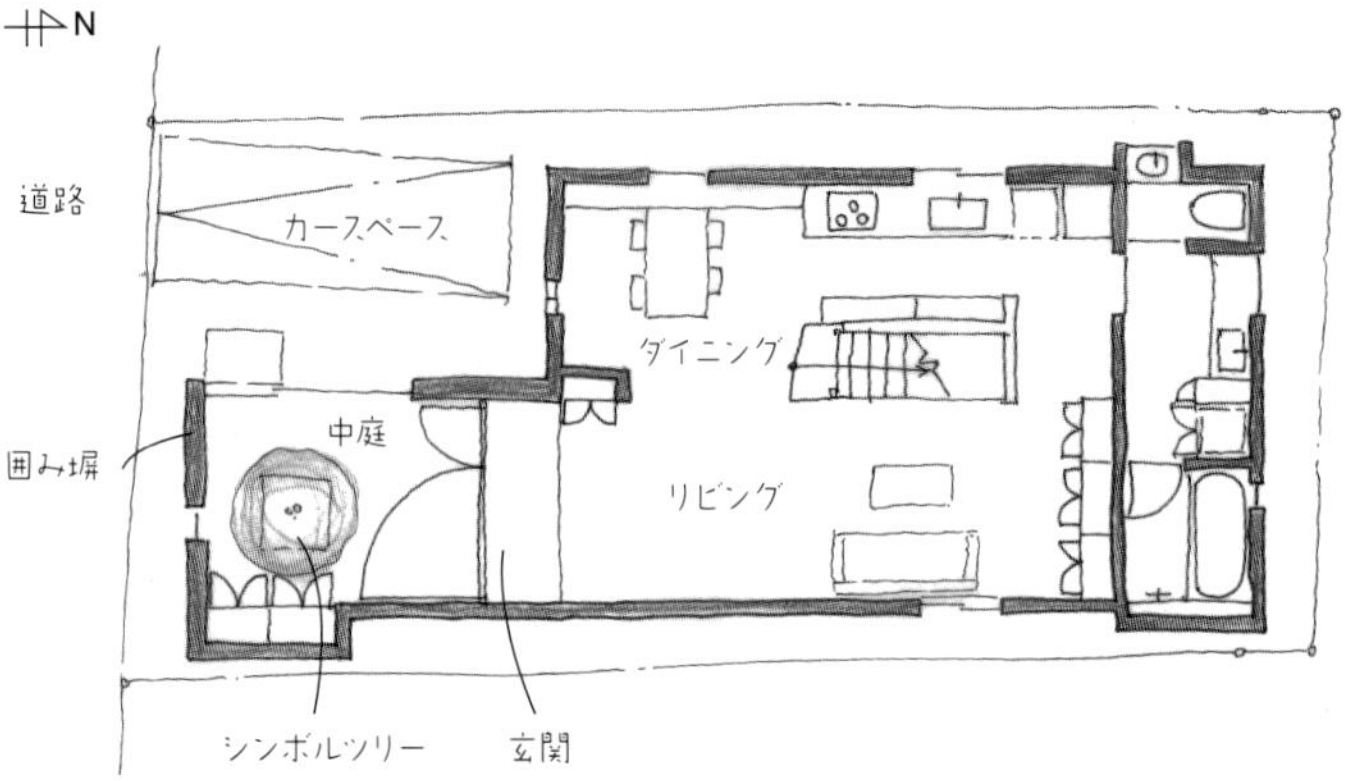

中庭、玄関、リビングをひとつづきの空間として連続性をもたせる。

11

中庭＋玄関＋リビング

こちらのお宅は、中庭と玄関、そして、リビングまでもが一体になった間取りです。

門扉をくぐって玄関に入ると、リビングとダイニングへと直接つながる間取りになっています。玄関まわりが、ホール、リビング、ダイニングと、さまざまな顔をもつ多機能な空間なのです。

都会の狭小住宅の場合、玄関はせまくて暗い空間に追いやられ、寂しい場所になりがちです。それでは、家の印象も暗くなりますし、玄関も空間として生きていません。

そこで思いきって、玄関と中庭、そしてリビングとつなげてしまうことで明るく開放感のある場所にして、家族が過ごす空間に変えることを可能にしました。

玄関は、家族が毎日、何度も通る場所。だからこそ、広々と明るい場所にしてあげる。そうすることで、住まいへの満足感は変わってくるはずです。

玄関から天窓までを一つの大きな空間に。

12 玄関＋階段＋収納棚

らせん階段は、省スペースとモダンな雰囲気を両立してくれる、小さな家の頼りになる味方です。

こちらのらせん階段は、180㎝×180㎝四方のスペースに収まるコンパクトなサイズ。だいたい2畳分ほどのスペースがあれば、階段室がすっぽり収まります（一般的な踊り場のある階段だと、スペースは3畳分ほどになります）。壁面を利用して天井までの大容量の収納棚も付けました。

しかも、こちらのお宅では、階段室を玄関の三和土《たたき》部分に設置したことで、さらに省スペース化が実現しました。住んでみると玄関からすぐに上の階に行ける動線はとても使いやすいようです。

ステップは、蹴込み板のないスケルトンタイプ。最上階3階の天窓から、らせん階段を通じて光が下の階まで降り注ぐ構造で採光もしっかり確保しました。らせん階段の軽やかな存在感が空間のアクセントにもなって、せまさをみじんも感じさせないモダンで明るい玄関ホールが実現しました。

水回りを一体化させると、まるでホテルや外国の家のようなおしゃれな雰囲気になる。

13

バスルーム＋トイレ＋洗面所

バスルーム、トイレ、洗面所――小さな家の水回りは、きゅうくつな空間になりがちです。

毎日、家族が何回も行き来する場所だけに、せまくて使いにくい水回り空間は、小さなストレスがたまり、ゆとりとはほど遠い生活になりかねません。

そんなお困り事は、水回りをまとめて一つにしてしまうことでまるっと解決します。

まとめて一つの空間にすることで、動線スペースを広く確保できるので、それほど床面積を占領することなく、広々とした使いやすい空間にすることができるのです。しかも、使用中は一人でこの空間を使うわけですから、とても贅沢なのです。

バスルームが一体化した水回り空間は、ホテルや外国の家ではよく見られるスタイル。どことなくおしゃれな雰囲気が漂うので、施主さんからの人気も高い設計の一つです。

小さなバスルームもガラス張りにすることで、広がりと開放感が生まれる。

階段の踊り場に上がるたびに部屋が広がる。

14

見通しのいい階段＋リビング＋腰かけ

限られた小さな土地を最大限生かすために、地下＋2階建ての家を、半階ごとにフロアが広がる7層構造にしたお宅です。

玄関から小階段をかけ上がると、すぐ先にダイニングキッチンが見えてきます。そして、さらに数段上がると、リビングにつながり、最上階の子ども部屋へとつながっていきます。階段がフロアをリズミカルにつなげ、動線の中心になった家です。

各フロアを結ぶのは、「見通しのいい階段」です。

蹴込み板がなく、向こう側が見通せるステップにしたことで、階段を通して各フロアのようすが見えて、家全体にゆるやかな一体感が生まれています。階段上部には天窓を付けて、家全体を明るくしています。

ステップは、子どもたちの遊び場にもなったり、テレビや絵本を見るときに座ったり。お友達を呼んでパーティをするときは、さっと座れる腰かけ代わりにもなります。階段をリビングの一部に溶け込ませた空間設計です。

天窓効果で光に満ちた階段室。

15

廊下＋ギャラリー＋収納庫

小さな家では、廊下は細く暗い空間になりがちです。でも、プラスアルファの用途とデザイン性を加えることで、単なる通路としての役割を超えて、空間のゆとりを生み出す有効なスペースになります。

こちらのお宅は縦長の敷地で、設計上、細長い廊下をつくる必要がありました。その間取りの特性を生かし、廊下に沿って長いカウンターを設置しました。すると、まるでギャラリーのような奥行きを感じさせる空間が浮かび上がってきました。

廊下にしつらえたカウンター下は、収納庫になっています。スペース的には天井までの全面収納にすることも可能ですが、ここはあえて欲張らず空間のゆとりを残しました。

小さな家づくりで必要なのは〝引き算の余白〟。スペースいっぱいにつくり込まず、あえて遊びや余白を出すことが、空間の抜け感をつくり、視覚的な広がりを感じさせるのです。

階段室の天窓の光
が廊下にこぼれて、
光の輪をつくる。

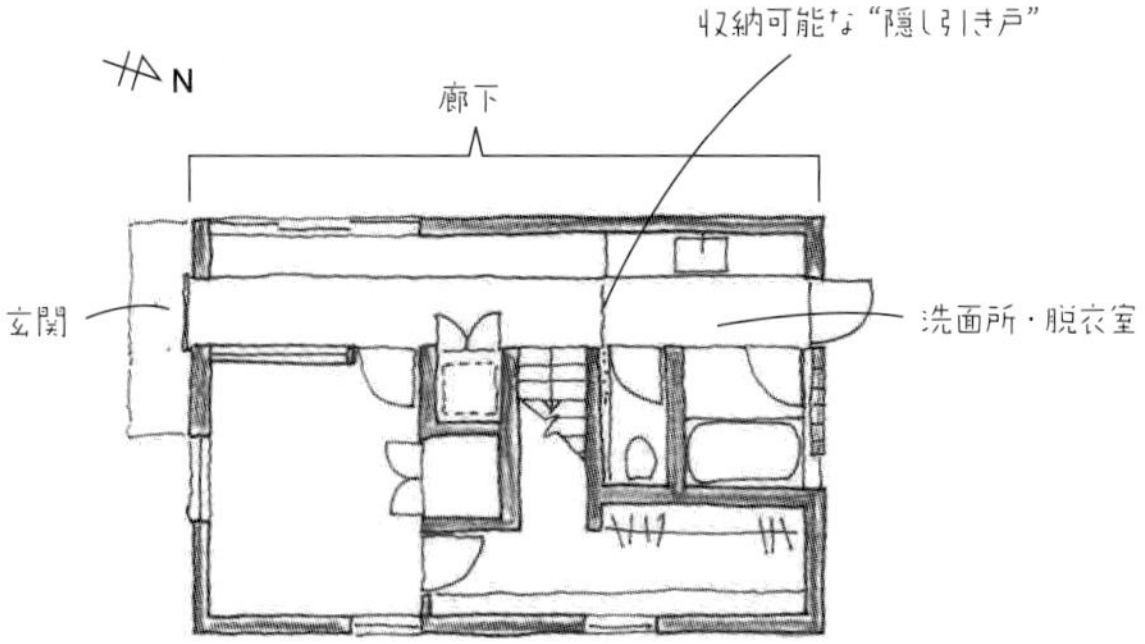

廊下の一部が洗面所と脱衣室になる間取り。

16

廊下＋洗面所＋脱衣室

こちらは、前ページの廊下をさらに奥まで進んだところ。洗面所と廊下をドッキングさせた個性的な間取りです。

シンプルな手洗いシンクを据えて、まるで学校の手洗い場のようなパブリック感ある空間になっています。

狭小住宅の洗面所は、洗濯機や洗面台がところせましと詰め込まれて、余裕のないスペースになりがちです。でも、廊下と洗面所を一つにまとめてしまったことで、こんなに個性的で、開放感を感じさせる空間が生まれました。

玄関から部屋へ、部屋から部屋へと移動する廊下に洗面所があれば、帰宅後の手洗いや食後の歯磨きも、おっくうじゃなくなりますね。

ちなみに、バスルームの脱衣室はなんと廊下。壁に収納された〝隠し引き戸〟を引くと、廊下の一部が脱衣室に早変わり。廊下スペースを最大限まで有効活用できる間取りです。

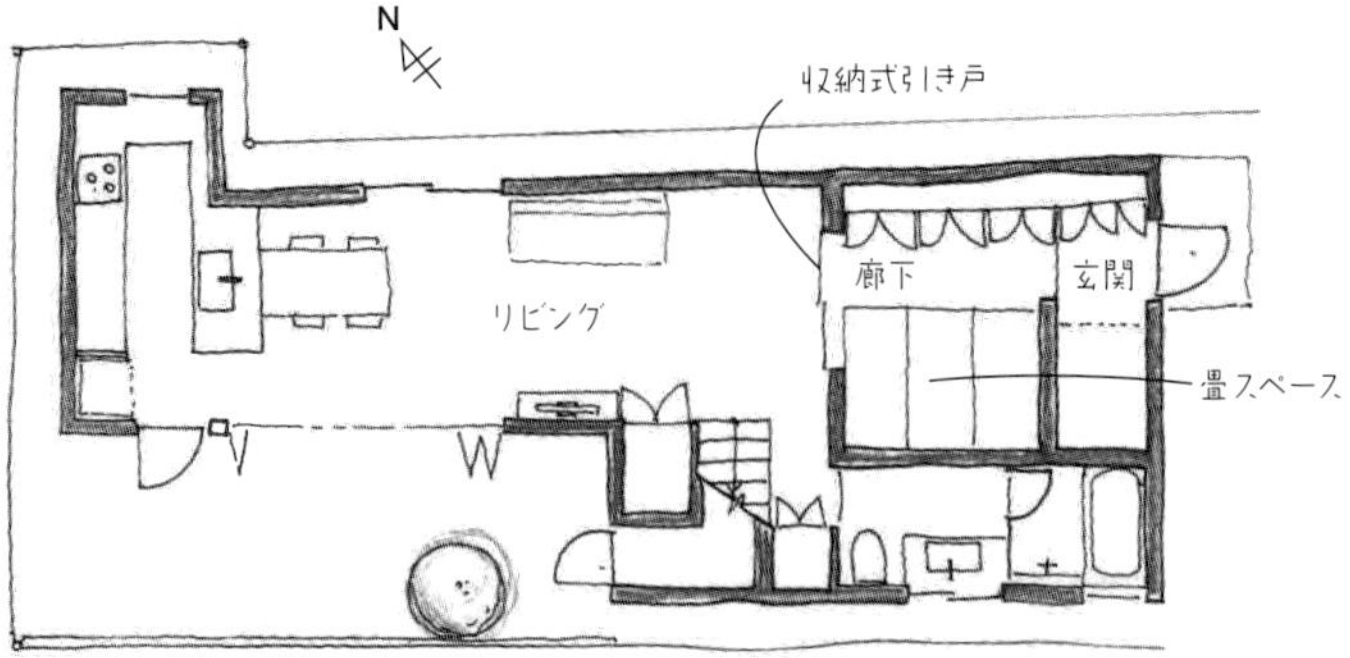

引き戸で空間が広がったり、独立したり。

17

リビング＋廊下＋客間＋玄関

「子どもが帰ってきたら、まずリビングを通って、そこから自分の部屋に行ける間取りにしたい」というのが、施主さんたってのご要望でした。

玄関ドアを開けたら、リビングダイニングが見えるオープンな間取り。リビングが広く使えることを第一優先にしています。大人と子ども合わせて十数人を招いてホームパーティを開くことも多いお宅なので、玄関からすぐリビングが続く間取りはとても合理的なのです。

ふだんは玄関先からリビングが丸見えの状態ですが、来客のときには、収納式の引き戸を閉めることでリビングと玄関を区切ることもできます。

また、リビングの一部に畳の間を設けているので、仕切り戸を取り付ければ、将来的には客間として活用もできます。玄関ホールがリビングの一部になったり、廊下になったり、客間になったりするフレキシブルな空間です。

18 土間＋廊下＋階段＋ドッグラン

古い日本の家には「土間」がありました。地面と同じ高さで、かたく踏み固めた三和土《たたき》。唯一、土足で出入り可能な室内空間である土間は、炊事場、作業場、玄関など、幅広い機能をもち、生活の中心的な場所になっていました。土間のもつフレキシビリティと、内と外の入り交じる感覚は、家の中に自由度の高い空間を与えるものとして見直されています。

こちらは5人家族とワンちゃんが暮らす、土間のある家。玄関を開けると、そのまま土間が続き、奥行きのあるモルタルの床が広がっています。土間を川に見立てて家の真ん中に通したことで、どこからでも上がれる、玄関兼廊下が生まれました。

もともとは「縁側に座ってスイカを食べるような空間が欲しい」というご主人の夢から生まれた土間。土間があることで、ワンちゃんも家族の一員として、家の中を自由に歩き回ることができるようになりました。

19

土間＋階段＋駐輪スペース＋遊び場

玄関スペースを土間にして思いっきり広くしたら……なんとも、自由な遊び空間が生まれてしまいました。家の中に自転車を置くスペースをつくりたい！　という、ご要望から生まれた間取りです。

スペースの限られた小さな家で広い土間をつくるには限界があります。そこで独立した階段や廊下、収納になるはずだったスペースを土間に取り込みました。現代の住宅の「玄関」という枠組みを外し、大きく拡大してしまったのです。

靴を脱ぐ場所は、どこでもご自由に。

内でも外でもないこの中間エリアが生まれたことで、自転車のお手入れをしたり、日曜大工をしたり、雨の日にはお子さんがなわとびをしたり、三輪車に乗って楽しむ遊び場になったりと、広々とした土間空間のおかげで室内では実現できなかった家の楽しみ方が広がります。

小さな家のルール

4

光と風を呼び込む仕掛けをつくる

都会の小さな家では、家の中に光と風を呼び込む仕掛けが欠かせません。私がよく活用するのは「窓と階段」です。

「窓」には、外を見るための窓もあれば、光を取り入れるための窓、風の通り道となる窓など、それぞれの役割があります。ですから、窓は目的や用途をよく考えたうえでサイズや形状からガラスの種類や窓枠にまでこだわって設計をしています。

ねらいどおりの役割を果たしてもらうには、大きさや形が自由に選べない既製の窓より、家の大きさや部屋の形にぴったり合わせてつくるオーダーメイドがいちばん合理的。家の空間にマッチし、広々と見せる視覚効果もぐんと上がるのです。

さらに「階段」も、家じゅうに光や風を呼び込む手段として有効です。階段は、全フロアを突き抜ける数少ない家の要素です。天井、階段の素材や形状、位置まで計算して設計すれば、階段は最上階から1階まで貫く〝吹き抜け〟的な役割を果たしてくれるのです。

ガラスブロックにしたことで光と影の表情が生まれる。

20

下の階でも、天窓の採光効果は確保できる

天窓による恩恵を受けられるのは、最上階の部屋だけにかぎりません。

こちらのお宅のキッチンは、3階建ての2階。建物はRC構造ですが、3階の東側の壁を少し内側に収めることで、2階にまで光が届くように設計しました。

2階のはみだした天井部分には、ガラスブロックを一列にはめ込み、天窓をつくりました（上写真）。

ガラスブロックからこぼれる光が、リビングやキッチンに明るさをもたらしています。さらにガラス板ではなく、ガラスブロックにしたことで光と影に変化がもたらされます。

都市部の狭小地では、隣家が接近している側に窓を取り付けると、お互いの視線や生活音が気になりがちです。でも、空に向かって開かれる天窓ならば、近隣を気にせずにプライベートを守りながら、光が取り込めるのです。

浴室に天窓。露天風呂気分を毎日味わえる。

21

天窓は、ふつうの窓の3倍の採光効果がある

住宅密集地や北側の部屋であっても、日当たりを確保する方法はあります。

たとえば、最上階の部屋ならば、天窓を設計に取り入れることで、十分な採光を確保することができるのです。天窓は、壁面の窓に比べて、約3倍の採光効果があります。

左のお宅では、北側に傾斜した片流れの屋根に天窓を取り付けたことで、柔らかなやさしい光が降り注ぐ部屋になりました。

天窓のメリットは、もう一つあります。

それは通風の確保です。あたたかい空気は下から上へ上昇する性質があります。そのため、天窓を開ければ、こもった空気が上昇して外に出て、部屋の中に自然な風の流れが生まれるのです。天窓の場合、壁面の窓だけの場合と比べて、通気量は2～4倍にもなるといわれています。

天窓は都会の小さな住宅の快適性を高めるのに、とても有効な手段です。

22

隣家や道路に面した窓は「高さ」が決め手

道路側には、光や風の確保のために窓を取り付ける――これは家づくりの常識ですが、はたして都会の小さな家においては「機能的」といえるでしょうか。

小さな家では、土地いっぱいに建物を建てることが多いので、道路と建物の間隔が近くなりがちです。

いざ住んでみると、通りからの視線や防犯性の低さが気になり、カーテンやシャッターを閉めっぱなしというお宅が、実際には少なくないのではないでしょうか。

道路ギリギリまでめいっぱい建てる小さな家では、1階の道路側の窓は「高さ」を考慮することが不可欠です。

たとえば、採光と通風のための窓ならば、道路側や隣家に面した側は低い位置の窓にするか、あるいは、地面から170㎝ぐらいの高い位置に取り付けます。これなら、外からの視線を気にせず、プライベートな空間を守りながら、採光や通風を確保することができます。カーテンやシャッターを開けていても安心です。

23

存在感が消える窓が「広さ」を生み出す

部屋のメインとなる窓ならば、「できるかぎり大きくとる」のが、小さな家をゆったりと広く見せる鉄則です。

たとえば、リビングならばテラスに面する掃き出し窓は、できるだけ左右いっぱい、天地めいっぱいの大きな窓をつくるようにしています。

こうすることで、目線がリビングからテラスまで自然と延び、実際のリビングの面積以上の広々とした空間を感じさせるのです。

私が理想とする窓は「存在感が消える窓」です。

窓の方向を見たときに、窓の存在を感じるより先に、外の気持ちいい青空や木々の緑に目がいく〝名脇役〟となるのが、リビングやダイニングにおける理想的な窓だと考えています。

そのためには、窓は部屋のサイズにぴったりと合い、空間と一体化するオーダーメイドであることが大切なのです。

天窓からの光がスケルトン階段を通じて下階に届く。

24

階段は、家全体に光を届ける「光の筒」

こちらはエキスパンドメタルというスチールの素材を使った階段です。蹴込み板がなく、踏み面はメッシュ構造。天井や壁に窓を配することで、スケルトン階段を通じて、各階に光が降り注ぐ構造になっています。

小さな家では、かなりのスペースを占拠する階段室は間取りを決めるうえで悩みどころの一つでした。居室を少しでも広く確保するために、せまく急な傾斜になったり、隅っこのうす暗い空間に押しやられるなど、いわば日陰的存在でした。

しかし、階段室は家の中でも数少ない全フロアを貫く「吹き抜け」のような場所。スケルトン化をはかることで、暗くなりがちな1階や地下室まで光を届けることができます。

こんな階段なら、毎日の上り下りも、ちょっぴり楽しくなりそうではありませんか。

一列に並んだ天窓とタイルで統一された空間で広くすっきりと見せる。

25

天窓効果で、バスルームもカラッと乾く

洗面所から浴室までの天井をまるごと天窓にしてしまいました。床はタイルを統一して、すっきり広々とした空間になっています。北東に位置するバスルームですが、天井から降り注ぐ光の中で、快適にバスタイムを楽しんでいただけるようになりました。

バスルームの天窓のメリットは絶大です。空を望める開放感もさることながら、光がしっかり入るので、浴室がすばやく乾いてつねに清潔な状態を保ちやすいのです。

梅雨時のことも考えて、浴室乾燥機も設置しましたが、天窓を付けたことで湿気がすばやく抜けるので、こちらのお宅ではほとんど使ったことがないそうです。浴室を洗濯物干しに活用されることも多いのだとか。お日さまの光は、殺菌効果がありますから、浴室やサニタリールームには自然光が入る設計であることは必須なのです。

26

ガラス壁がもつ採光の実力

方角や隣家との接近で、部屋の採光窓が十分にとれなかったら、家の中から「光を借りる」解決策があります。

上の部屋は、ガラスブロック壁の向こう側は、リビングの吹き抜け部分。吹き抜けの天窓から注ぐ光を、壁を通じて室内に取り入れています。夜になると、ガラスブロックを通して、吹き抜けのライトが映り、壁にやさしいニュアンスが生まれます。

外壁に使われることの多いガラスブロックですが、このように室内の構造に取り入れることも可能です。外壁に使う場合は防水処置などの工程が必要ですが、室内であれば比較的、簡単な施工で取り付けることができます。

思いきって一枚ガラスを壁にしてしまうこともあります。たとえば、階段と部屋を仕切る壁をガラス板にすることで、階段室の光を部屋に取り込む、あるいは部屋の光を階段室に入れることもできるのです。ガラス壁は透けるので、空間を広く見せる視覚効果もあり、小さな家ではさまざまな用途が考えられます。

格子を付けてかわいらしい雰囲気に。デザインの自由度が高いのも室内窓の楽しさ。

27

室内窓がもたらす抜け感と非日常感

窓は、かならずしも外に面している必要はありません。部屋と部屋の間にある室内窓は、楽しげな雰囲気を醸し出してくれるので、お子さんのいるお宅ではとても人気です。

上のお宅は、リビングと階段を隔てる壁に、かわいらしい小さな窓を取り付けました。室内窓を通じて、リビングに差し込む光が、階段にもこぼれるようになりました。

さらに、室内窓を取り付けることで、光と風の確保だけではなく、階段、リビング双方に空間の広がりを感じさせる効果もあります。このほかにも、階段室の2階部分（子ども部屋）に窓を取り付けた例（109ページ）もあります。

部屋を壁で完全に隔てるのではなく、室内窓でゆるやかにつなげる。すると、家族の気配がやさしく感じられる住まいになるのです。

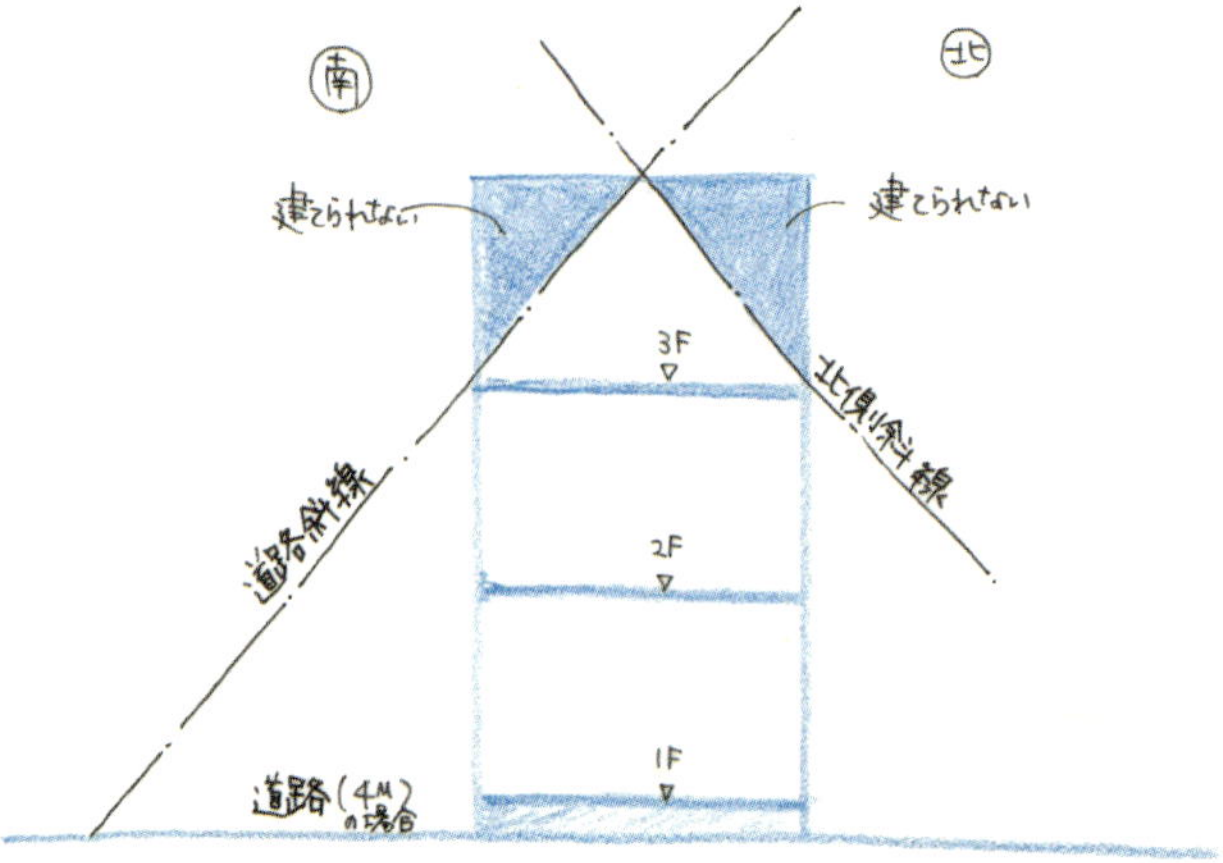

南側道路の場合

28

北向きの家をおすすめする理由

都市型の家は、土地の方角をさほど気にしなくていいと私は考えています。なぜなら、これまで紹介してきたように、窓や階段、テラスなど設計の工夫で、家の中に光や風を十分に取り込むことはできるからです。

一般的には、南側道路に接する土地は日当たりがよくて使い勝手がよく、北側道路の土地はどんより暗くて、家の設計にもさまざまな制約があると思い込んでいる方は多いようです。事実、南側道路の土地は、北側道路よりも地価が高い傾向にあるのは、そうした価値観を反映してのことなのでしょう。

しかし、都会のせまい土地事情では、方角以上にやっかいで、土地の有効利用に大きく関わってくるのが「斜線制限」の問題です。自分の土地であればいっぱいに建物を建てていいわけではなく、近隣の家の日照を確保するために、一定の高さを超えると建物を斜めに削るように設計して、近隣の家に日が差し込むように配慮しなければならない法律があります(建築基準法第56条)。

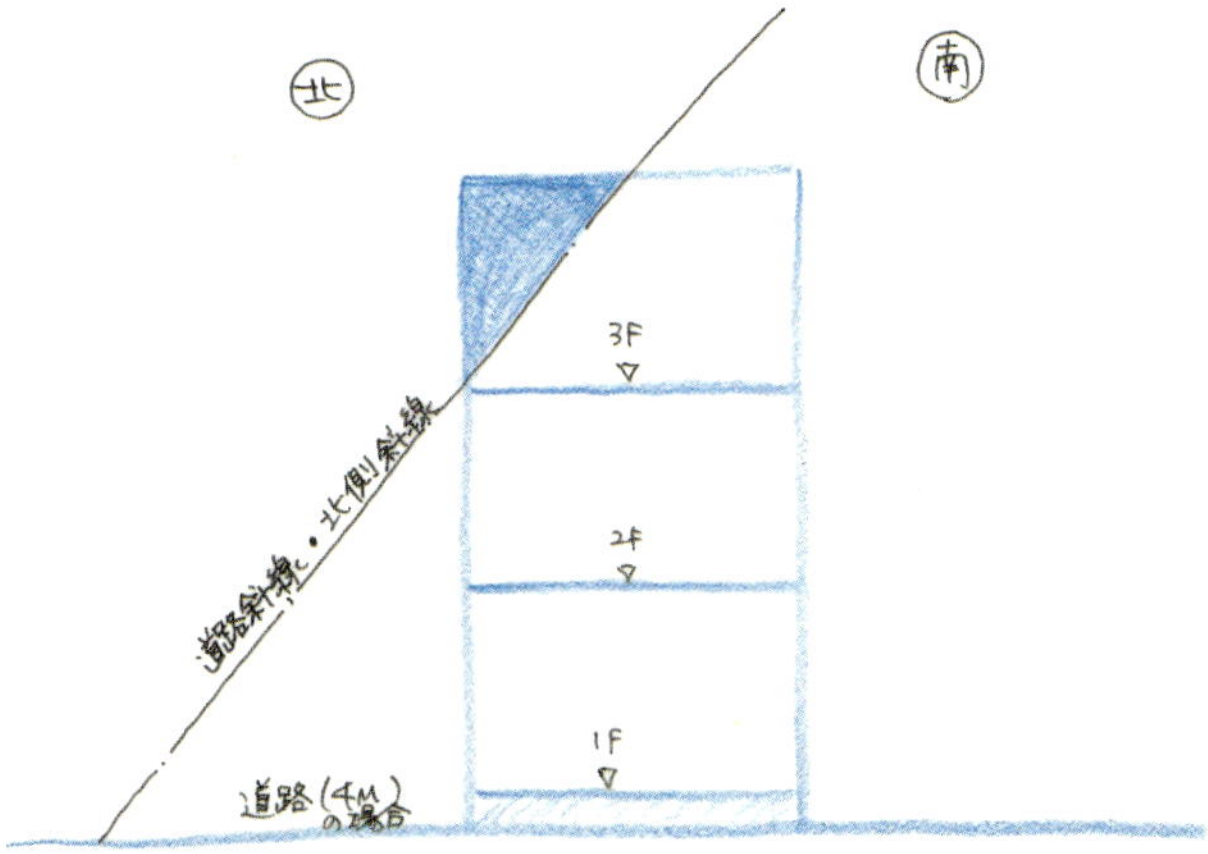

北側道路の場合

わかりやすく説明すると南側道路の土地の場合、南側から道路斜線がかかります。さらには、北からは北側斜線がかかります。北側までめいっぱい家を建てられては、隣接する家に日が入らなくなるからです。

つまり、南側道路に面した土地に家を建てると、3階からは南側と北側が両方削られてしまい、3階の居住スペースがかなり削られてしまうのです。

一方、北側道路の土地の場合、北側からの道路斜線と北側斜線が重複するため、どちらかの斜線制限を受けるだけですみます。

限られた土地をできるだけ有効利用することを優先的に考えるならば、北側の土地を入手されたほうが、比較的安く入手でき、そして、家を大きく建てられる可能性が高くなります。

実際、土地を買う予算は限られている、土地を有効利用してできるだけ居住スペースを広く取りたいという方には、北側道路の土地は、悪くない条件なのです。

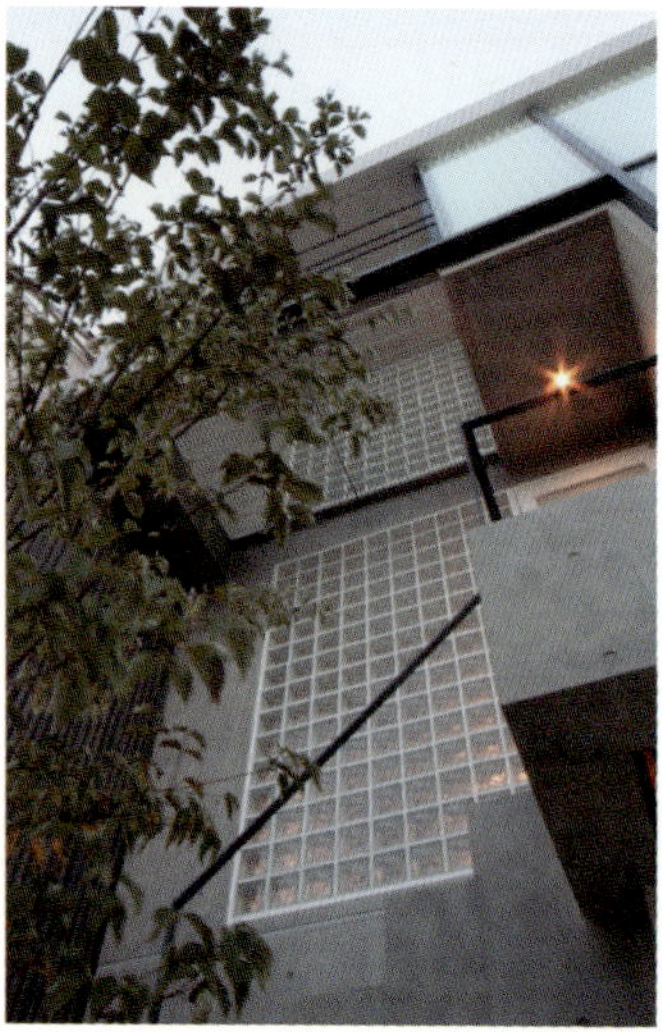

（右）ガラスブロックの壁を多用し、（左）採光を確保した北側のダイニング空間。

29

北向きの家を明るくする窓の取り方

北向きの家は薄暗いイメージがありますが、それは南側のような強い直射日光が差し込まないだけ。ふわっとしたやさしい「拡散光」が入るのが北向きの家のメリットなのです。

こちらのお宅は北道路に面した土地ですが、「明るいダイニングルーム」を希望されていました。南側は隣家が迫り、南の明るいダイニングは望めそうにありません。そこで北側にガラスブロックの壁や窓を配し、北側を主要採光面とした家を建てました。2階の玄関ドアを開けると、すぐ右手に広がるダイニングは北向きながら、やさしい光に満ちた空間になりました。

南向きの家の場合、夏になると直射日光が降り注ぐので、これだけ大胆にガラスを使うと、暑くて過ごしにくくなります。一方、北側は年間を通して比較的、光の量が安定しています。だから、北側の窓は思いきって大きな窓をとっても生活に支障がありません。ガラス張りの都会的なデザインの家に住みたいという方には、北向きの家はとてもおすすめなのです。

小さな家のルール

5 目の錯覚を利用する

頭で広さを考えるときは数字に頼りがちですが、実際に五感で広さを認識するとき、数字ではなく、感覚が優先されます。

部屋の広さとは、じつはとても相対的です。窓の配置や、部屋の奥行きや幅、高さ、そして、室内の色使いなどさまざまな要素が混ざり合って、人は「広い」「せまい」を認識しているのです。その〝さまざまな要素〟をうまく利用すれば、6畳の部屋でも8畳に見せることができます。

広々とした空間をつくりたいときは広く見せる演出を、こぢんまりとした世界観を生かしたい場合は、その小さな世界を楽しめる仕掛けをいつも考えています。

広さを感じさせるには、抜け感と奥行きが大切です。さらに空間に見せたいところを1カ所つくり、視線をそこへ誘導することでせまさは気にならなくなります。

部屋に入ったとき、最初に向けられる「視線」はどこか。そのファーストインプレッションを意識して設計することで、小さくても居心地よい空間はつくれるのです。

30

勾配天井もせまく感じさせない部屋づくり

小さな土地に家を建てる場合、道路斜線や北側斜線の影響で、2階や3階が勾配天井になることがよくあります。

勾配天井は、空間の一部に天井の低いスペースが生まれてしまうデメリットがありますが、ここは逆転の発想で、メリットとして考え直してみましょう。

勾配天井のメリットとは、開放感と落ち着きの双方が得られるということ。そして、真四角ではない変化のあるスペースで、楽しい空間が生まれます。

あまりに天井の高い部屋は、まるでホールのようで落ち着かない感覚をおぼえることがあります。しかし、一方が低くなっていることで落ち着き感が出てきます。

さらに、勾配天井は家のデザイン性を高めるうえでも有利です。

上の写真のお宅では、屋根の骨組みをイメージさせる木材を天井にデザインしました。フローリングの床と相まって木のあたたかい雰囲気が生きています。

2階すべての部屋が勾配天井の家。垂木を連続させて見せることで奥行き感が強調される。

◀ロッジのようなぬくもりある寝室。

勾配天井を生かした天窓。

あるいは、上のように勾配天井に天窓を取り付けて、部屋から空や星空を眺められるように設計することもできます。

勾配天井の天窓は、ふつうの天窓と同様に壁面の窓の3倍近い明るさが得られるので、採光確保にも、とても効果的です。

窓を開けられるようにしておけば、部屋の中の風通しが格段によくなります。家の高い位置に窓があると、あたたかい空気が下から上へと流れて、家の中に空気の循環が生まれるのです。

とくに住宅密集地においては、勾配天井があることで家の中に光と風をしっかり取り込むことができます。

左の家は、2階の勾配天井に、梁をめぐらせてロッジのような雰囲気にしました。天井の演出で雰囲気を出せるのも勾配天井のよさ。格子状に軸組みをめぐらした梁は将来、ロフトにすることもできます。

勾配天井は、さまざまな工夫を凝らせば、快適性とデザイン性、そして実用性を実現できるのです。

31

壁は空間の広がりを演出する引き立て役

私は、壁は一枚のまっさらなキャンバスだと考えています。大きな壁があると、つい窓を付けたり、収納や飾り戸棚をつくったりと、有効活用のために何か付け足したくなりがちです。でも、小さくてもゆとりある家をつくるなら、「壁面」は尊重しなければならない要素。なぜなら、やみくもに窓や収納を取り付けて「壁」というひとつづきの面が途切れると、空間的な広がりまでも途切れてしまうからです。

上のお宅のリビングは、ベランダ側の大きな掃き出し窓以外は、ほぼ壁で囲っています。代わりにテレビのある東側の壁には天窓を配し、自然な光が降り注ぐようにしました。壁をキャンバスにして、日々、刻々と変わる光と影のシルエットが映し出され、これだけで立派なアートとなります。小さな家の中で広がりのある美しい壁をつくることは、とても贅沢であり、豊かな感性を育むことになります。忘れ去られがちですが、まっさらな壁は住まいの豊かさを生む大切な要素なのです。

洗濯物をたたんだり、昼寝や読書、晩酌を楽しめるフレキシブルな畳の間。

32

2畳を「3畳の間」に変える方法

こちらは「2畳＋押し入れ」の畳の間です。キッチンのとなりにあるかわいい小さな和室。小さな空間だからこそ、さまざまな用途が広がる楽しい空間なのです。ライトアップした庭のモミジを鑑賞しながらの、夜の晩酌のための空間であったり、洗濯物をたたんだり、昼寝や読書を楽しむ場所としても使えます。コンパクトな部屋ですが、フレキシブルに使えます。

しかし、2畳のスペースは、ぎりぎりお布団が敷けないスペースです。そこで、押し入れの高さを40㎝ほど浮かせました。こうすることで、約3畳分のスペースに広がります。これならお布団2組が敷けるので、客間としても使えるのです。

このスペースにオブジェや一輪の花などを飾れば、床の間のように見たてることもできます。床座は視線が低くなるので意外と広く感じられるのです。こちらでは庭をスノコ敷きとし、広く見せ活用できる空間にしましたが、2畳というこぢんまりとした世界観を楽しむなら、間口を小さくし、坪庭をつくるのも素敵です。

壁面収納は“抜け感”がポイント。

33

壁面収納の圧迫感は「抜け感」で解消する

小さな家ほど、その家にぴったり合わせた「つくり付け収納」が必要になってきます。

その理由は、室内空間にぴったり合わせたムダのない収納で、デッドスペースを生まず空間をムダなくフル活用するためです。さらに、室内の動線を考えたサイズ感で設計できるので、空間を占領しすぎることなく、暮らしにしっくりなじむ収納がつくれるのです。

50㎡の敷地に延床面積70㎡で2世帯住宅を実現したお宅（上写真）では、大人4人分の持ち物をいかにすっきり収めるかが大きな課題でした。解決策としては、まずダイニングキッチンや寝室、階段など家じゅうに壁面収納を充実させました。

ただし、壁面収納は、壁があればあるだけつくればいいというものでもありません。壁面収納にもデメリットがあります。それは前のスペースは家具が置けず、動線やインテリアが制約されること。それが室内空間を単なるのっぺりとした退屈

棚の下のスペースを空けることで、床部分が広く見える。

なものにしてしまい、しかも収納庫がずらっと並ぶ圧迫感をことさらに感じさせてしまうのです。

そこで小さな家の壁面収納では、いかに〝抜け感〟をつくるかが、空間のゆとりを生む秘訣になります。

たとえば、一面を収納にせず、真ん中などにオープン棚をつくって、オブジェなどを飾れるスペースをつくります。

あるいは、天井から床いっぱいに収納をつくらず、上下に20㎝ほど空きをつくり、そのくぼみに間接照明を配します。すると、奥にさらに空間が広がっているような錯覚を生み出すことができるのです。

上のお宅では洗面室兼トイレの収納に抜けをつくり、間接照明を入れました。下のスペースを空けることで床部分が広く見える効果があります。ヘルスメーターなどをしまっておくのも便利です。

このように、収納も実用一辺倒ではなく、空間デザインのエッセンスを加えてあげることで、インテリアの一部として生きてくるのです。また、手が届かない上のほうは窓にすると明るさが確保され、抜け感がアップします。通風もできるので一石二鳥です。

屋根裏部屋のような楽しげな子ども部屋。

34

カラー壁が奥行きを生む3・8畳の子ども部屋

子どもの頃、楽しかった家の思い出は、押し入れの中だったり、屋根裏部屋だったり、自分でつくったダンボールハウスだったり。そんな、ささやかな小さな場所だったりします。

子どもにとってうれしいのは、部屋の広さより、自分だけのお気に入りの空間やワクワクする楽しみが見つかる部屋。こちらの子ども部屋は、わずか3・8畳。壁の一面をチョークで絵や文字が描けるカラフルな黒板塗料で塗ったことで空間にうんと奥行きが生まれました。

さらに勾配天井を利用して天窓を付けて、明るい光が降り注ぐ設計で、屋根裏部屋のような空間が生まれました。夜にベッドで横たわり、月や星などを眺めながら寝ることは、子どもの想像力を高め感性を磨く効果もあります。

大人も童心に返って、お子さんの意見を取り入れながら一緒に部屋をつくっていく。そんな子ども目線から住まいを考えると、家づくりはいっそう楽しくなりそうです。

小さな家のルール

6 フレキシブルな空間をつくる

理想の家は、ライフスタイルの変化や家族の成長に合わせて少しずつ変化していくものです。

ですから、家を建てたときにすべてが完成しているより、将来的に変えることができるフレキシブルな空間を残しておくことが、未来の暮らしやすさにもつながると思います。

とくに、子ども部屋は、この先使い方を変えていけるように変更の余地を残して設計することが多い場所です。なぜなら、子どもは、成長するにつれて、生活スタイルや趣味嗜好が大きく変わっていく可能性があるからです。

もちろん、大人にしても同様です。新たに家族が増える、趣味や仕事の部屋をつくるなど、〝想定外〟の変化が、いつ人生に訪れるかもしれません。

20年後、30年後の未来も家族に〝ちょうどいい家〟であるためにフレキシブルな空間をつくっておきましょう。

フレキシブルな空間とは、住む人の「人生の可能性も広げてくれる場所」でもあるのです。

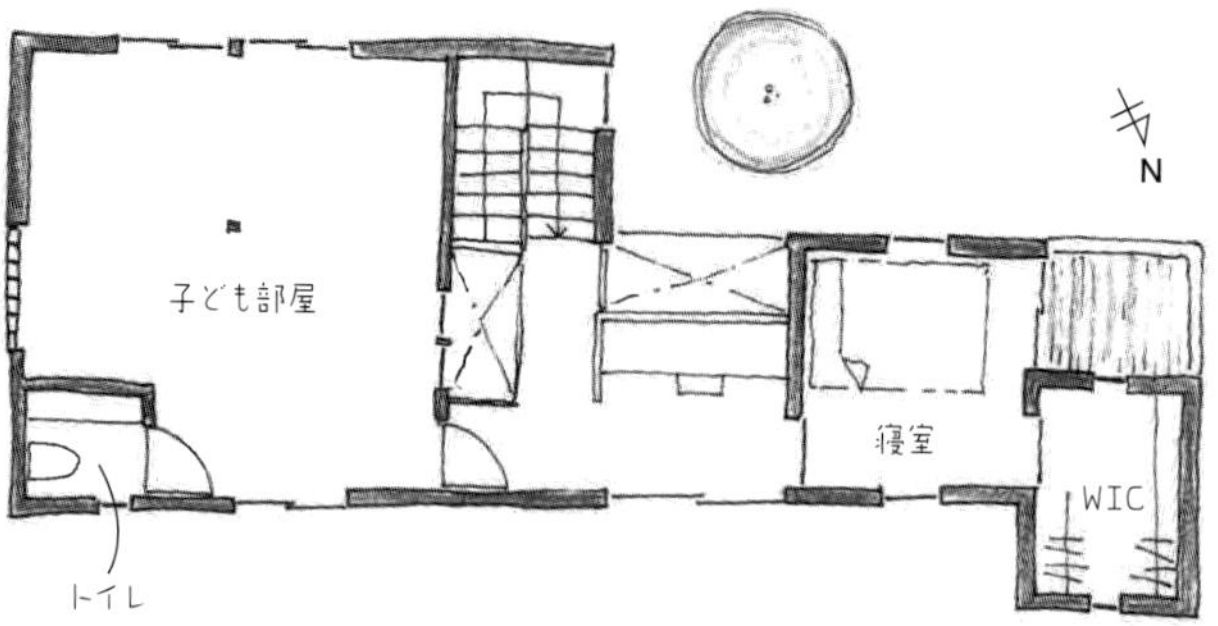

将来の改築を視野に入れて設計した子ども部屋。

35

成長とともに変化する子ども部屋

8歳の男の子、6歳の女の子がいる4人家族のお宅です。2階にある子ども部屋は、天井の高い15畳の広々とした空間。お子さんが小さいうちは、家族4人が川の字になって寝る寝室として使っています。

ちょっと変わっているのは子ども部屋の中にトイレがあること。将来、2人のお子さんが「自分の部屋が欲しい！」と言い出したとき、トイレ前の空間が廊下になるように部屋を区切って、それぞれの個室をつくれるようにしているのです。

現在は、天井には格子状の梁が張られていますが、板を張れば、大人が立てるロフトにすることも可能です。将来的に、左右で振り分けるか、上下に分けるか選択することができるようになっています。数年後、今よりもっと成長したお子さんたちと相談しながら、変えていく予定です。広い子ども部屋でのびのび育ったお子さんから、はたしてどんな希望が出てくるか、今から楽しみでもあります。

左右あるいは上下で２部屋に分けることも可能な子ども部屋（上）。
階段スペースに通じる室内窓も（下）。

36

子ども部屋はあえて未完成にしておく

最上階3階のフロア全体をすべて子ども部屋にした間取りです。階段を上がった先には、無垢のパイン（米松）の床材と天井があたたかな雰囲気を醸し出す空間が広がります。天井や柱は壁材で覆わず、無垢材の雰囲気を大切にしました。

子ども部屋というよりは、多目的なプレイルームといった自由空間。絵本やおもちゃは壁面本棚にすべて収まり、すっきりした状態に保たれています。窓辺には一枚の板材をわたし、子どもたちが並んで作業できるデスクもつくりました。窓からおとなりの公園の樹木を眺めながら、お絵描きや工作に没頭できます。

お子さんが小さいのであれば、壁やドア、クローゼットを建て付けるのは後回しにして、ひとまず大きな空間をつくり、子ども部屋にしてしまう方法もあります。将来的に家に手を入れる楽しみが増えますし、成長したお子さんの意見を取り入れた子ども部屋がつくれるので、結果的には満足度の高い家づくりにつながると思います。

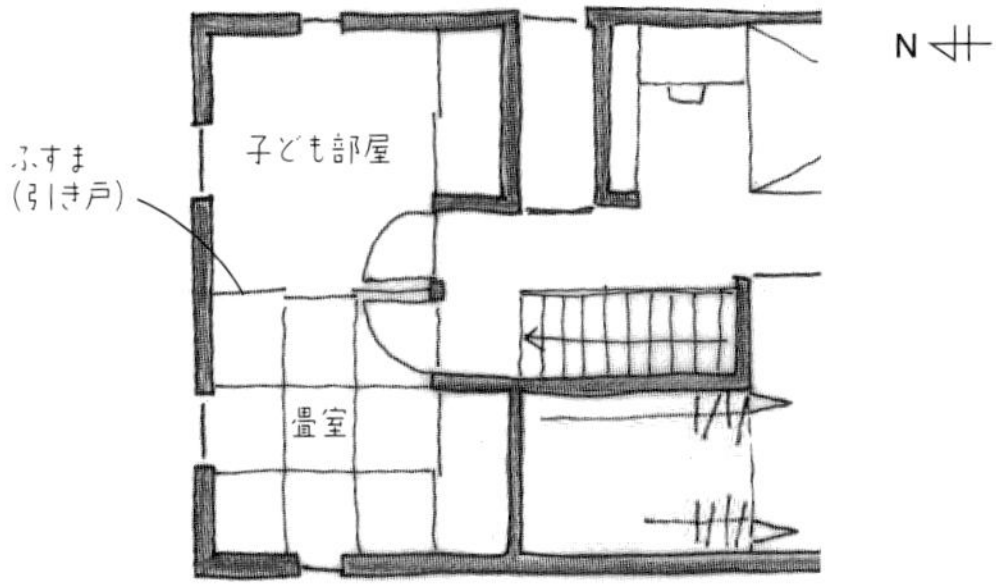

ふすまつづきの部屋なら、部屋数増減も可能。

37

畳室があれば、部屋の増減も自在

畳室のすばらしさは、寝室にもなれば、居室や客間にもなる変幻自在な〝汎用性〟にあります。

小さな家ほど畳室の存在価値は大きい――と私は考えています。

こちらのお宅は4歳のお子さんがいる3人家族。2人目も考えているとのことで、子ども部屋をどうするか迷っておられました。

そこで、子ども部屋のとなりに、ふすまつづきの畳室をつくることを提案しました。一人っ子なら、ふすまを開けて2部屋をつないでゆったり広めの子ども部屋として使うこともできます。

入居後、しばらくは客間として使っていたそうですが、おめでたいことに2人目のお子さんが生まれたそうで、将来は子ども部屋として活用することになりそうです。

子どもの人数も、将来の希望もまだわからないという場合には、大きな部屋を一部屋つくっておき、将来的に間仕切りやドアを追加できるよう、変更可能な空間にしておく方法もあります。

38

階段の踊り場にも部屋をつくる

階段の踊り場から出入りできる中2階のオープンな畳室は、多目的に使えるスペースになっています。お子さんが小さなうちはキッズルームとして使い、来客があるときは客間として活用しています。

左手のアイアンの格子がちょうど2階のリビングの床部分。リビングからも階段からも見えるオープンスペースなので、家全体のモダンシンプルな雰囲気と調和する空間にデザインしました。

畳室でありながら、明るく都会的な雰囲気を醸し出しているのは、押し入れ扉のあざやかなイエローの効果。畳のナチュラルな若草色と意外とフィットします。

畳は、琉球畳を使用しています。琉球畳は正方形で、畳縁がありません。スペースやインテリアを選ばないので、都会の小さな家にはおすすめです。

小さな家のルール

7 大きな木を一本植える

建物が完成し、外構ができあがってくる頃になると、そろそろシンボルツリーの植栽が始まります。シンボルツリーとは、家を引き立ててくれる存在感のある木のことで、どんな小さな家でもできるだけ一本は植えるようにしています。クレーン車を使って、職人さんたちが丹念に植えたシンボルツリー。木が植わったおうちは、ぐっと〝家らしく〟なってきます。

これから長いお付き合いとなるシンボルツリーには、ヤマボウシ、ヒメシャラなどの落葉樹をよくおすすめしています。落葉樹のよさは、四季を感じられるところです。春に新芽が吹き、夏は青々とした葉を広げます。秋には紅く染まり、晩秋になるとハラハラと散り、冬は株立ちの幹を楽しむことができます。

さらに落葉樹のメリットは、住まいの暮らしやすさもつくり出してくれること。暑い夏は葉を広げて直射日光をさえぎる自然のパラソルとなり、風が吹けば、サラサラという涼しげな音を聴かせてくれます。そして、寒い冬は落葉することで、室内に光をたっぷり注ぎ込んでくれるのです。

39

木とともに成長する家

家に帰ると、玄関先でヤマボウシがお出迎えしてくれる家です。樹高6mに達するシンボルツリーは、玄関の真上に位置する2階のベランダからも顔をのぞかせています（上写真）。

ヤマボウシは、春には白い可憐な花を咲かせ、秋には紅葉し、赤い実を結びます。都会の狭小住宅では、なかなか庭木を充実させるまではいきませんが、たった一本の木があるだけで住まいにこんなにも豊かな表情が生まれます。年を追うごとに空に向かって生長し、幹を太くしていく木には、いつしか家族の一員のような愛着が芽生えてくることと思います。

ちなみに、落葉樹は常緑樹に比べて、秋から冬にかけての落ち葉の掃除が大変なイメージがあります。しかし、それは実際は反対。常緑樹はじつは年中、落葉しているので、年間を通してお掃除が必要なのです。落葉樹は秋から冬の一時期、お掃除をするだけで済みます。それも冬を迎えるための恒例行事と考えれば、暮らしを楽しむ一ページになると思います。

玄関ポーチから2階ベランダ（右写真）
まで伸びるヤマボウシ。

40

家じゅうの窓から木立を眺められる

家じゅうから眺められる木がある――それだけで暮らしの趣が変わってくる気がしませんか？　家事が一段落したあとに、キッチンのダイニングテーブルに腰をかけて、コーヒーを飲みながら木を眺めるひとときは至福の時間です。

1階の中庭スペースにヤマボウシを植えたこちらのお宅（上写真）では、ダイニングキッチンや2階バルコニー、リビング、玄関など家じゅうから木立が見えるように設計しました。

左のお宅は、中庭にヒメシャラの木を植えました。平坦な中庭にせず、2カ所の階段でシンボルツリーを囲んだことで、広場や公園のような空間が生まれました。階段に腰をかけて、木を眺めたり、本を読んだり、花火をしたり。お友達を呼んでのガーデンパーティも楽しめます。

空間の豊かさを生み出すのは、広さだけではありません。シンボルツリー、家族の気配、あたたかな日差し、心地よい風……暮らしの豊かさは、小さな家でも実現できるのです。

家の中心にシンボルツリー、家族と
ともに成長していく楽しみがある。

借景としての緑と、家族の一員である木の対比が楽しい。囲み塀により、より特別な一本の木となる。

3章　すっきり暮らすキッチンと収納の工夫

41

小さな家には、空間になじむキッチンが必要

家づくりにおいてキッチンのプランを練るのは、とても楽しい作業です。カントリー風のキッチンやインテリア雑誌に出てくるような斬新でモダンなキッチン、あるいはステンレスで統一したプロ仕様のキッチン――夢は膨らみます。

しかし、小さな家においては、キッチンの存在があまり目立ちすぎると、まるでキッチンの家というような印象になってしまいます。もちろん、家のコンセプトの中心がキッチンであれば問題ありませんが、小スペースでの見せ方としては違ってきます。

広く見せたいのであれば、キッチンはリビングやダイニングと色や素材を合わせて、自然と溶け込むようなデザインにするべきです。たとえば、リビングダイニングの壁の色と合わせたり、テーブルの木目調と合わせたり、キッチンの足元を軽やかに見せるために巾木《はばき》部分をへこませるなど工夫が必要です。つまり、家のテーマに合わせてキッチンのデザインを考えるといいと思います。

42

機能的キッチンはレイアウトしだいでつくれる

小さな家をつくるときは、キッチンの広さが十分にとれないことがあります。でも、ガッカリする必要はありません。キッチンは広ければ使いやすいかというとそういうわけでもないからです。たとえば、小料理屋さんの厨房をカウンターからのぞき込むと、とてもせまい空間をうまく利用して料理しています。家のキッチンも同じで、たとえスペースが限られていてもは工夫しだいで使いやすく、素敵なキッチンになるのです。

小さな家のキッチンで最も大切なことは、本当に必要な道具たちをきちんと収納できるつくりになっているかどうかです。キッチンに置くモノも、できるだけ小さくいろいろな使い方ができたり、収納時にかさばらないモノを選ぶといいでしょう。モノがしかるべき場所に収まり、作業スペースに何もない状態をキープできれば、日常の料理をするスペースはそれほど広くとる必要はありません。小さくてもキッチンは工夫しだいで十分機能的につくれるのです。

43

家事動線がスムーズなアイランドキッチン

キッチンは人がせわしく動き回る場所。家族でワイワイと料理をしたい人におすすめなのは、アイランドキッチンです。動線に行き止まりがなく、回遊できるレイアウトなので、大勢で作業をするときもストレスレス。小さな家に設けるときは、空間を圧迫しないようにリビングダイニングとなじむデザインにまとめるようにしています。

ダイニングテーブルとキッチンカウンターの連続性も重要です。できたての料理を盛り付けて運ぶ流れがスムーズな位置関係であること。ちなみにアイランドと並列してカウンターがある場合、通路幅は75～85㎝がベスト。広すぎるとムダに歩く必要が出てきます。テーブルとつなげることで家族と話をしながら調理の手を動かしたり、ときどき手伝ってもらったりというコミュニケーションも生まれます。アイランドによる家事動線の効率化は時間のムダを省き、家族のコミュニケーションをよりいっそう深めてくれるのです。

44

キッチンをみんなが集う場所にする

私は開放的なキッチンというのは、一種のエンターテイメント空間だと考えています。料理する人の動き、調理する音、料理から立ちのぼる香りなどは、そばで見ていても楽しいもの。料理のつくり手は、真剣な表情で食材に向き合い、見事に料理というアート作品を毎日つくっているのだと考えると、すごいステージなわけです。「キッチンはお母さんが一人で料理をつくる場所」という認識を変えていきましょう。キッチンは家族みんなとコミュニケーションをとる場所にもなるのです。

また、開放的なキッチンは、お部屋全体を広く感じさせるメリットもあります。そして、つねに見られているという意識から、キッチンまわりをきれいにしたくなります。みんなが集まるキッチンは、笑顔や会話が生まれます。おいしい料理がつくれなかったときでさえも、あとで振り返れば家族のいい思い出。そんな思い出が育めるキッチンをつくりたいと考えています。

45

ダイニングテーブルを家族の中心にする

小さな家では、どうしても十分な広さのリビングがとれないこともあります。

あたりまえのように、リビング、ダイニングと分けて考えてしまうと、限られた空間に無理やりリビングとダイニングを押し込むことになり、どちらも中途半端な空間になってしまうことも。それが〝せまさ〟をことさらに感じさせてしまう原因にもなるのです。

そんな場合は、ダイニングにリビングとしての役割を与えて、家族がテーブルを中心にくつろげる空間づくりをしたほうがスペースにゆとりが生まれます。あるいは、逆のパターンで、リビングをダイニングとしても活用する方法もあります。

ダイニングをくつろげる空間にするには、テーブルの快適性が大切。少し低めのテーブルを選ぶか、あるいはキッチンや家族の好みに合わせてオリジナルで設計することも少なくありません(左写真)。

ダイニングは食事するだけでなく、そのまま団欒を楽しんだり、テレビを見たり。あるいは、お子さんのいるご家庭では、ダイニングテーブルは宿題をする場所になったり、絵を描いたり、おもちゃで遊んだりする場所にもなります。

小さな家づくりで大切なのは「ふつう、家ってこうだよね」という考え方をいったん横に置いて、自分たちが気持ちいいと思う空間づくりを第一優先にして、イメージを膨らませてみることだと思います。

ダイニングは、おいしいご飯を食べて、会話が生まれ、家族みんなの笑顔がこぼれる生活の中心。だから、私はダイニングは家の中でいちばん大切な場所だと考えています。

家族が一日をここで過ごすとしたら——そんなことをイメージしながら設計を考えると、きっとその家族にとっての心地よいダイニングが生まれるはずです。まずは〝わが家スタイル〟を考えてみることから始めましょう。

46

ダイニングを中心にした回遊動線

ダイニングとリビングを分ける場合は、まず「生活動線」をシミュレーションすることから始めましょう。

キッチン、ダイニング、リビング――それぞれの距離感と空間が快適でないと、せっかくつくったリビングはあまり家族が集まらなかったり、結局、リビングで食事をするようになったりと〝偏り〟が生じてしまいます。

たとえば、夕食の時間の行動を考えてみましょう。

食事を準備する間、家族でリビングのソファでくつろぎ、料理ができあがる頃、ダイニング席に移動して、会話と食事を楽しみます。その後は、リビングへ移動し、食後のひとときをくつろぐ。この自然な流れが生まれるように設計しています。

大切なのは、ダイニングとリビング双方のほどよい距離感と居心地のよさです。小さな家ではダイニングとリビングを分けると、それぞれがせまくなりがちですから、窓やテラス、階段室などで抜け感を意識しながらつくることが大切です。

小さな家のリビング▶
ダイニングは、窓や
テラス、階段室など
で抜け感を意識する
といい。

リビングの小上がり部分が
ダイニングの椅子代わりに。

47

床座スタイルのダイニングも楽しい

かつて日本の家づくりは、床座スタイルが主流でした。考えてみれば日本家屋の歴史においては、テーブルと椅子のライフスタイルが普及するようになってから、まだ百年も経っていないのです。

床座スタイルのメリットは、座布団とちゃぶ台がダイニングになるので場所をとらないこと。ですから、なるべく広く空間を使いたいという場合には、床座スタイルのリビングダイニングを提案することもあります。

上のお宅は床座と椅子の折衷型。小上がりになった畳スペースに腰かけられるようにすることで、わざわざ椅子を置かなくてすみますし、みんなでごろごろとくつろぐこともできる一石二鳥の楽しい空間です。

このようなスタイルを取り入れるときに注意したいのは、目線の高さ。畳に床座となったとき、キッチンに立つ人と視線の高さが一致するバランスを考えて設計する必要があります。

48

共有本棚ならば、省スペース&低コスト！

本棚やクローゼットは本来、各個室にしつらえるものですが、小さな家では、個室には付けず、あえて廊下や階段などの共有スペースにつくり付けることがよくあります。なぜなら、個室ごとにつくるよりも低コストで、しかも各部屋の広さを確保できるからです。

たとえば、家族が通る場所に「みんなの本棚」をつくり、絵本や写真集、料理本、古典、雑誌などを収めておけば、回し読みができて家族で楽しめそうです。あるいは、小物や絵を飾り、ギャラリーにする発想でレイアウトしても楽しみが広がります。

ちなみに、使いやすい本棚にするには、できるだけ仕切りを入れてグリッド（格子）状に棚をつくること（71ページ）。本の傾斜を防ぎ、出し入れしやすくなります。

使いやすい収納の奥行き

洗面所の棚収納 ………	15〜30㎝
キッチン収納 …………	25〜30㎝（吊棚） 40〜60㎝（下の棚）
本棚 ………………………	20〜30㎝
クローゼット …………	55〜60㎝
下駄箱 ……………………	35〜40㎝

49 使い勝手のいい収納は「奥行き」で決まる

小さな家の賢い収納づくりのルールは2つあります。

1つめは、「量と場所を決める」。施主さんに家じゅうのモノを書き出していただき、その量に合った収納場所と容量を考えて設計します。ただし、小さな家に住むからには、収納できるモノの量は限界があります。ご自分にとって「いるもの」と「なくてもいいもの」の基準をより明確にしていただくこと。それが小さな家の〝暮らしやすさ〟につながるのです。

2つめはモノに合わせて「面×奥行きを決める」。モノと収納のサイズが一致していなくては、結局、出し入れが面倒で十分に生かしきれないことは多々あります。多くの人は面にはこだわりますが、意外と意識されていないのが「奥行き」。食器に合った奥行き、洋服に合った奥行き、寝具に合った奥行きはそれぞれ異なります。あらかじめ収めるモノを想定してから、面×奥行きの立体サイズを決める、それが使い勝手と省スペースを両立する知恵です。

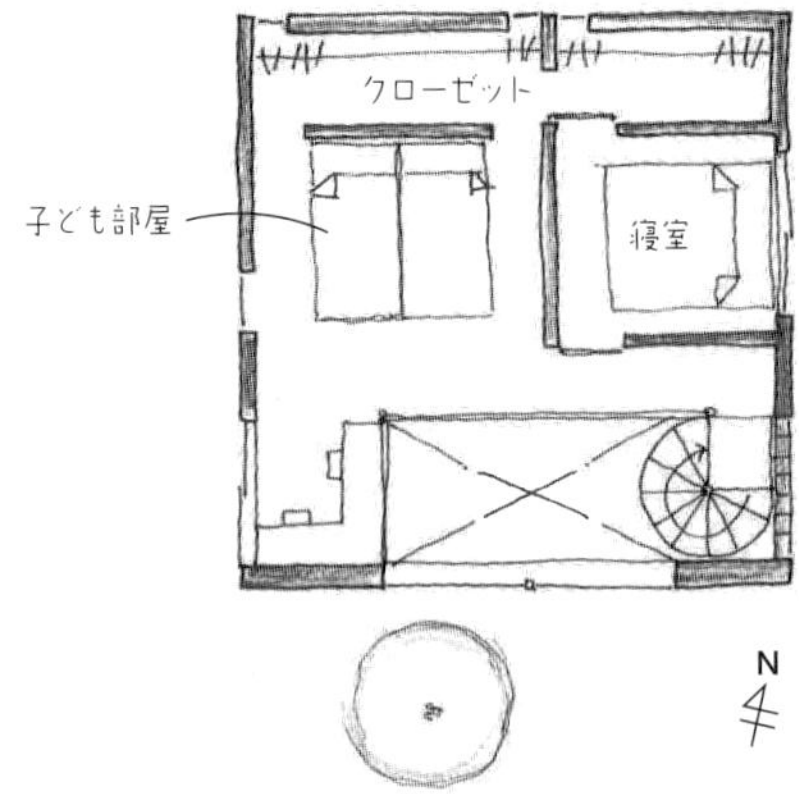

壁で完全に仕切らないことで、どの部屋からも
アクセスできる家族共有クローゼットに。

50

家事をうんとラクにする、家族共有クローゼット

一つのクローゼットを家族みんなで使うという発想もあります。こちらのお宅は子ども部屋の奥にウォークインクローゼットをつくり、夫婦の寝室や子ども部屋の両方から出入りできる「ウォークスルー設計」にしました。

家族全員の衣服を1カ所で管理できるので、洗濯物を運んだり、クリーニングに出す衣類をまとめるのがスムーズにできて、家事効率がよくなります。スーツケースやバッグ、ゴルフグッズなど個々の持ち物を家族で共有しやすくもなります。

最近は、クローゼット内の造作は、ハンガーポールと高い位置の棚を設置する程度で最小限にとどめることが多くなっています。つくり付けの棚や引き出しは、あとから変更がききません。市販の収納家具も充実しているので、お持ちの衣類やバッグに合わせて、ちょうどいいサイズを選んだほうが、低コストで使い勝手のいいクローゼットができます。

洗面所には何がどこにあるかわかりやすいオープン棚がおすすめ。

51

よく使う場所はオープン収納が使い勝手がいい

洗面所は、洗面台と洗濯機にスペースを占領され、肝心の収納スペースが後回しになりがちです。でも、タオルや下着類、ドライヤー、ブラシ、メイク用品など、洗面所は何かとモノの出し入れの頻度が多く、一日に何度も使う場所です。ボトルやブラシの収納は奥行き15㎝程度が使いやすいので、浅めの収納を充実させています。また、収納内にコンセントを付けておくと、ドライヤーや電気ひげそりの充電にとても便利です。

洗面所のリネン収納はさっと取り出せるように奥行きは浅め、面の多さが重要です。そしてオープン棚だと、何がどこにあるか一目瞭然で出し入れもスムーズです。

こちらのお宅では、洗面台の向かいに壁一面の棚を付けました。奥行きは30㎝ほどで十分。ここに市販のバスケットを並べて、タオルや洗剤などを収納。家族めいめいに自分のバスケットを決めておくと便利です。温泉の脱衣所のようなシンプルな棚ですが、工費もローコスト、しかも使いやすいと喜んでいただいています。

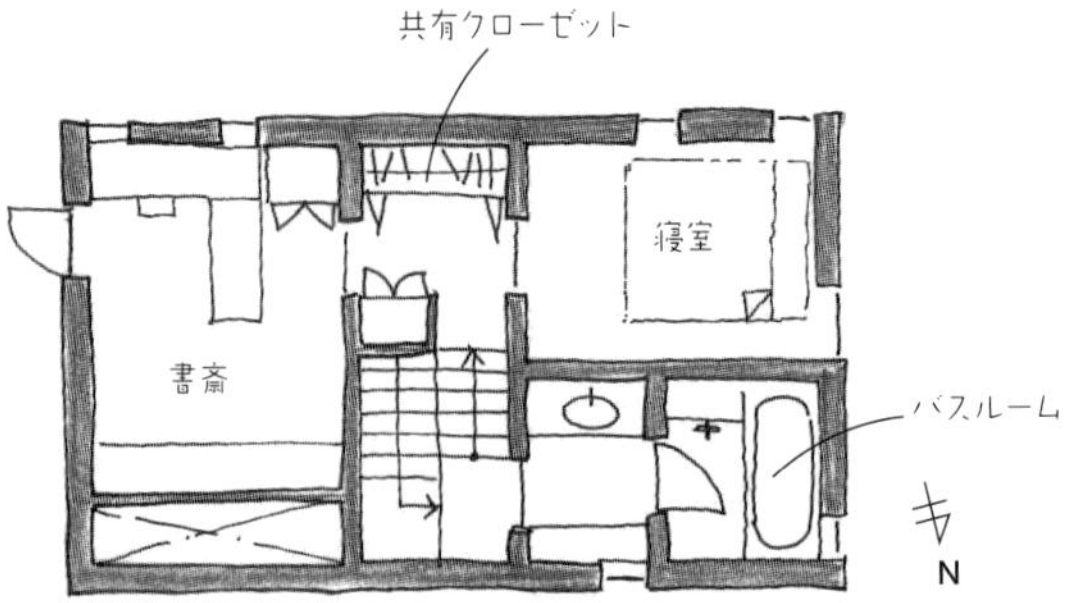

みんなが通る場所に、共有クローゼットをつくる。

52

あえて廊下に、アクセス性重視のクローゼット

持ち物は最小限にしぼり、すっきりとシンプルに暮らしたいという人が増えています。

こちらのお宅は、ご夫婦2人で半畳ほどの小さなクローゼットを共有するスタイルです。服は多くもたず、このサイズに収まる分だけ買うようにしているそうです。

クローゼットは、寝室ではなく「廊下」にあります。寝室と書斎をつなぐ廊下、そして、バスルームに近い位置にクローゼットを設置しました。

バスルームに着替えを持ち込んだり、出がけにカバンやコートを取り出すシーンを想定すると、クローゼットは、かならずしも寝室にある必要はありません。

むしろ、いろんな部屋からアクセスのいい廊下のほうが、使い勝手がよくなることだってあるのです。

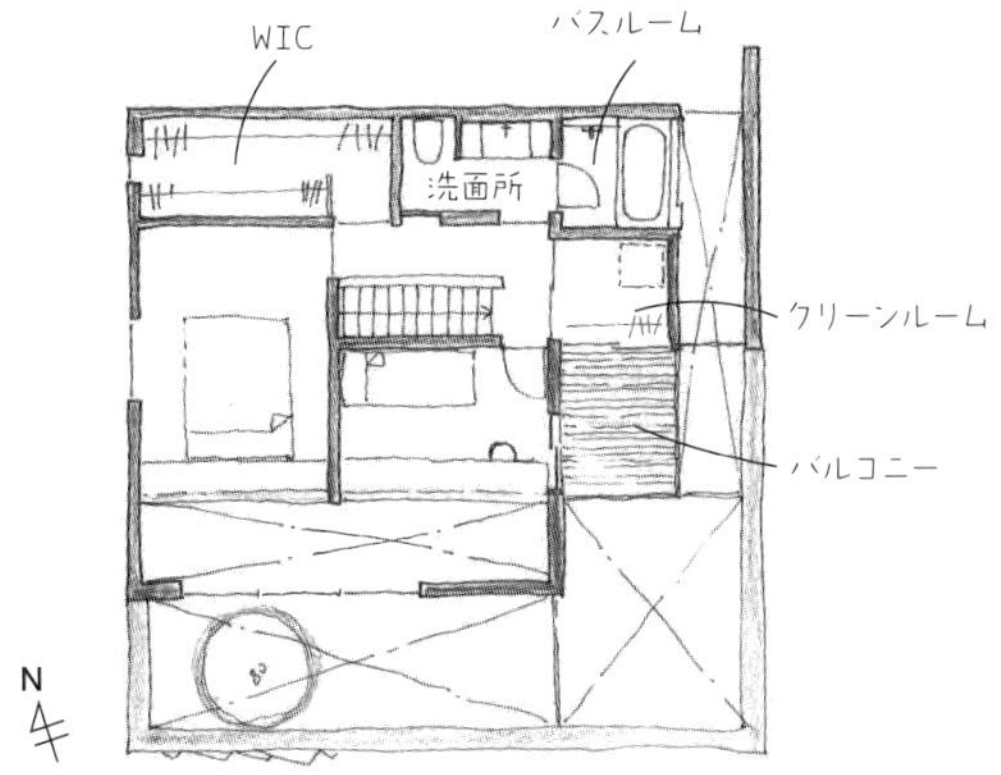

家事動線に合ったクリーンルーム例。

53

家事が楽しくなる、回遊式クリーンルーム

洗濯やアイロンがけなどの家事作業を1カ所でおこなえて、収納としても機能する家事室（クリーンルーム、ユーティリティ）があると作業もはかどりそうです。

使いやすい家事室をつくるポイントは〝回遊性〟にあります。

こちらの間取り図は、2階の北側エリアに〝洗濯動線〟を充実させたお宅です。洗濯機の置かれたクリーンルームとバルコニーが隣接し、洗面所の先には4畳分の広々としたウォークインクローゼットがあります。

「洗濯物→物干し→クローゼットに収納」までの一連の流れが、すべて2階の北側の動線で済んでしまうつくりです。

さらに、ウォークインクローゼットは家族共用のスペースにしました。洗濯物を各部屋に配る手間が省けて、共有のクローゼットで省スペースも実現。家事の合理化は、家の設計が大きく左右します。

玄関ポーチを取り囲む外壁に設けた収納庫。

54

屋外収納は、家と一体化すべし

都市型の狭小住宅の場合、屋外用の掃除用具やガーデニング用品、アウトドアグッズの収納場所に困ることは結構あります。

家を建ててから市販の物置を設置しても、素材感も収まりもなんだかフィットせず、そこだけ取って付けたよう。限られた広さの外構だからこそ、市販の物置は悪目立ちしてしまうことが多いのです。

家のまわりもすっきりした状態を保つために、家を建てるときに、設計段階から屋外の収納も組み込んでおくことをおすすめします。

上のお宅は、玄関ポーチを囲む外壁に収納を一体化させました。ここに掃除用具などを収納しておけます。これなら玄関まわりがつねにすっきりと片づいた状態を維持できます。

このほか、階段下のスペースを利用して、屋外から出し入れ可能な収納庫を取り付けた例もあります。

4章

小さな家を上質にする〝本物の素材〟

家の顔である門扉。素材やデザインで個性を出す。

55

家のイメージを決める門扉の役割

最近の狭小住宅は、ステップを上がるとすぐ玄関ドアがあるレイアウトで、門扉のない家が増えています。門扉は家のイメージを左右する存在。ご自分の好きな雰囲気のデザインを施すことで、家に帰ってきたときにほっとする気持ちを高めてくれます。

さらに、機能面から言えば、門扉は家の内と外を区切る〝中間エリア〟をつくる重要なアイテムです。

外出先から帰ってきたときに、玄関からいきなり家の中に入るのではなく、門扉を開いてまず庭やアプローチに入る。さらに進んで玄関ドアを開く。そのプロセスは、気持ちを外から内へといったんリセットしてくれるのです。

こちらのあたたかみのある木の門扉のお宅は、門扉の内側の空間をプライベート空間とするために、目線より高い扉を取り付けました。圧迫感を与えないために、小窓を付けて抜け感を出しています。

門扉は第一の玄関ドアと考えて
プライベート感を大切にする。

56

旗竿地を魅力的に見せる存在感のある門扉

上のおうちの形をしたかわいらしい門扉は、旗竿地の通路を歩いてたどり着く扉です。小さめの門扉を付けることで、隠れ家のような家の存在感をやさしく主張する雰囲気を醸し出しました。

素材はエキスパンドメタルという軽量で透け感のあるメッシュ素材を使っています。周囲を取り囲むのは、木の塀です。

扉を開ければ、そこから先はわが家のプライベート空間です。2、3畳分ほどのスペースのアプローチを経て、玄関ドアにたどり着きます。

門扉を付ける際は、多くの場合、玄関と同様にカギがかかるようにすれば、防犯性も高まり、玄関まわりを中庭的な空間として活用することもできます。

透け感のあるエキスパンドメタルは、空間に広がりをもたせるのに最適。

57

外の世界と家をゆるやかにつなげる門扉

白い外壁と一体化する、白いエキスパンドメタルのメッシュ扉。門扉を家側から見たとき、外の風景がうっすらとのぞける構造になっています。

まるで虫籠窓《むしこ》（町家などで使われる縦格子の窓。内側から外は見えるが、外から内側は見えにくい）のような役割を果たしてくれています。

こちらのお宅は、敷地全体を塀と門扉でぐるりとめぐらせていますが、抜け感のある素材を使うことで、外の世界とのゆるやかなつながりを残すことができます。

家の外観をできるだけシンプルにすっきりまとめたいときは、存在感のある門扉ではなく、こちらのお宅のような外壁と一体化するような門扉を付けることもあります。

格子塀やガラスブロックなど異素材を用いた外構。

58

光と風の通り道をつくる格子塀

小さな家ほど、外からの視線をさえぎってくれる塀の役割は重要になってきます。

低めの塀やオープンな外構は、外からの視線がダイレクトに家に入ってくるので、庭で過ごしたり、窓を全開にしておくことがしにくくなります。ですから、小さな家ほど視線をさえぎる十分な高さの塀や門扉が必要なのです。ただ、気をつけなければならないのは、「風の通り道」の確保です。せまい土地に高い塀を立てると、風が通らず、じめじめしてしまうので、かならず「風の通り道」をつくるようにしています。

上のお宅は、ガラスブロックと鉄の格子を組み合わせた外壁。ガラスブロックは目隠しをしつつ、明るさを確保したい場所によく使います。こちらのお宅は間口が狭いので、門扉とガレージシャッター、塀が一体化したスタイル。外から見たときに、統一感のあるすっきりした佇まいにまとめています（内側空間は114・115ページ）。

家に柔らかな表情を
与える木の塀。

59

目的やイメージに合わせて塀の素材を選ぶ

あたたかみを醸し出すならば、上のお宅のように、木の目隠し塀を建てることもあります。木目の質感が目に柔らかいので、周辺地域と隔絶することなく、ソフトにプライバシーを確保できます。ウッドデッキとつなげるようにつくると、空間的な統一感も生まれます。

木の塀は数年ごとにお手入れが必要ですが、メンテナンスフリーがお望みならレンガを使ってもいいでしょう（48・49ページ）。みっちり隙間なく積み上げるのではなく、3分の1ほど空間を空けるようにして、たがいちがいに組み上げていきます。レンガならば、歳月が経つほどいい味が出てきます。FRPという、半透明のガラス樹脂を使うことで軽さと明るさを出すこともあります。

さまざまな課題や検討事項が山積みとなる家づくりでは、外構部分は後回しにされがちです。しかし、外構は家の一部です。上手に外構を使うことが土地の有効利用にもつながりますから、設計段階から、しっかり考えておくことをおすすめします。

玄関ドアは家に合わせてデザインする。

60

家の顔となる玄関ドアは素材にこだわる

その家の顔となる玄関ドアは、既製品を使うのではなく、できるだけオリジナルで家に合わせてデザインするようにしています。

玄関のドアは、住宅全体の中でも、とくに印象の強いところ。どの家にも合うようにつくられた既製品のドアだと、家のテイストや間口とのバランスが合わず、取って付けたような浮いた存在になってしまいがちです。

玄関ドアは、自由な発想でデザインできるところでもあります。オリジナルなら、写真のように木枠のガラス扉で間口いっぱいに取り付けることも可能です。さらに、取っ手を手ざわりのいい流木にしたり、鉄製のアンティーク調にしたり、わが家ならではのデザイン要素を入れるとぐっと愛着がわいてきます。

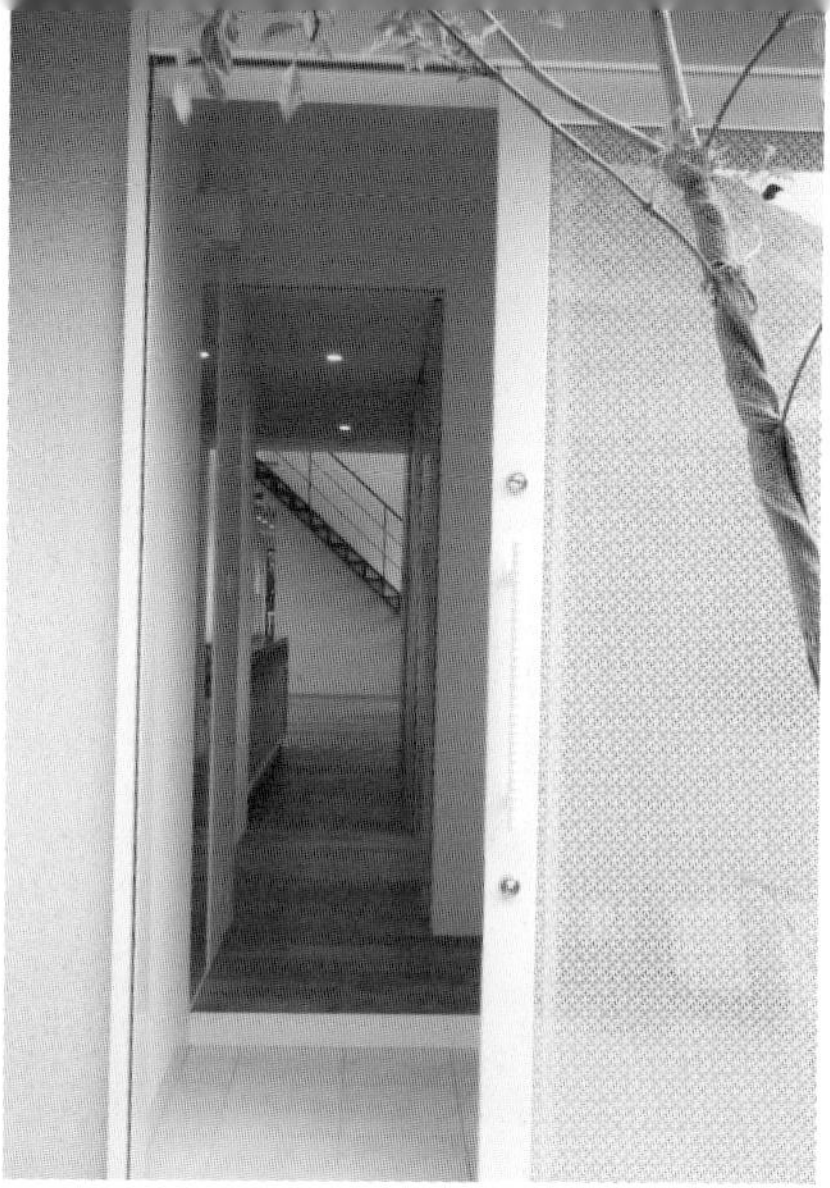

ガラスとエキスパンドメタルを組み合わせた玄関ドア。採光と防犯性を両立。

61

採光と防犯性を兼ね備えた玄関ドア

玄関が通りに面しているなどでガラス扉にするのがむずかしいときは、エキスパンドメタルという金属素材とガラスを重ね合わせた玄関ドアを採用することもあります。

メッシュ状なので軽量で採光も確保できるうえ、ガラスのみに比べて防犯性もアップします。

ちなみに、玄関ドアはなるべく開き戸タイプを使うようにしています。スライド式の玄関ドアは、場所をとらず開けやすいメリットがありますが、隙間風が入りやすいデメリットがあります。

玄関ドアをデザインするとき、いつも念頭に置くのは、その〝おうちらしさ〟。一日の始まりと終わりに対面する場所ですから、「わが家に帰ってきた」とほっとするような玄関空間にしたいと考えています。

経年の変化も楽しめるのが、無垢の床材のメリット。

62

はだしが心地よい無垢のフローリング

木の床材を使うときは、ほぼ無垢材を選んでいます。無垢材の魅力は、寝転んでも心地よい木の感触、自然な木目と色合いにあります。さらに、夏は肌にさらさらで、冬はヒヤッとしないので、実用面からも理想的なのです。

無垢材はお手入れが大変そうなイメージがありますが、実際のところお手入れもほとんど手間なし。キズがついても自然になじみ、汚れも少しずつ吸い込んで目立ちにくくなります。むしろ年数が経つほど、こっくりと色が深まり、手ざわりもなめらかになって、ますます味わい深くなる、というよさがあります。

ちなみに、無垢材でも木の種類によって強度や用途は異なります。一般的に針葉樹は軟らかく、広葉樹は堅い傾向にあります。

針葉樹のスギやヒノキなどは軟らかい素材です。基本的に、木肌が白っぽいものは軟らかい木材です。肌ざわりのよさと、抜群の吸排湿効果は魅力ですが、重いモノを落としたりするとへこむことがあります。

木塀とウッドデッキ、無垢材の床で空間に連続性が生まれる。

一方で、広葉樹のタモ、ナラ、チークなどは堅牢な木材。なかでも、タモやナラは価格も抑えめで丈夫なので、選ぶことが多い木材です。

ちなみに、タモとナラは、よく似た木目と明るめの褐色の色合いですが、ナラのほうが価格は若干高めです。タモは木目が少しはっきりしていて、ナラのほうが木目は柔らかです。また、ナラは柾目材だと、虎の模様に似た、その名も「虎《とら》斑《ふ》」という模様が出るのが特徴的です。

引き渡し前に、汚れやキズをつきにくくするために、天然のオイルを塗っています。ニスとは異なり、木の呼吸を妨げず、木の感触がそのまま生きるナチュラルな塗装で、小さなお子様にも安心です。

居住後も、1、2年に1回ぐらいのペースで、みつろうワックスや米ぬかオイルなどでお手入れしていただくと、より美しく保てます。肌が直接ふれても安心なように、塗料はできるだけ自然素材のものがいいと思います。

小さな家ではウッドデッキは大切な“庭”。そう考えれば、天然木がベスト。

63

長い目で見れば、天然木のウッドデッキ

ベランダやテラスは、家の延長線上にあると考えています。そのため、ウッドデッキでバルコニーやテラスをつくる際は、はだしで歩いても心地よい天然木を使用するようにしています。

ウッドデッキの素材は、天然木から樹脂などの人工素材まで、さまざまな種類があります。天然木の中でも木材の堅さによって、ソフトウッド（ベルダデッキ、レッドシダー、ＳＰＦ）、ハードウッド（サイプレス、イタウバ、ウリン、イペなど）があります。価格は、人工素材よりも天然木が上回り、ハードウッドになるほど価格は高くなります。

人工素材は、メンテナンスがラクで価格も低めなのですが、夏の暑い日は熱をため込んでしまうため、あまり機能的とはいえません。また、見た目は木に似ていても、さわったときの感触はプラスチックに近いものです。くつろぎのためのウッドデッキと考えると、やはり天然木にまさるものはありません。

ちなみに、天然木でも、ソフトウッドか、ハードウッドかとい

フローリングとウッドデッキは、張り目をそろえると広々と見える。

う選択肢があります。ソフトウッドは比較的、低価格なのですが、木そのものが軟らかく、虫に食われたり、水が浸透しやすいのが難点です。1、2年ごとに防腐塗料を塗り直すメンテナンスをしなければ、2~5年ほどで傷んできます。こまめに防腐塗料を塗り直せば、ある程度は長持ちしますが、それでも限界があります。

価格は少々高くても、結果的にコストパフォーマンスがいいのは、ハードウッドです。密度が高い堅木なので虫害に強く、腐りにくく、見た目もしっかりとして、コツコツとした硬質な木の感触を楽しめます。

私がよく使うのは、価格は抑えめで、密度の高いハードウッドの「イペ」です。イペは、反りやひび割れが生じにくく、長期にわたって使用することができます。また、イペに含まれる天然成分が防腐や防虫性に優れた効果をもたらすこともわかっています。デメリットを挙げるならば、高級材のサイプレスやウリンなどと比べて、色味に若干ばらつきがあること。それも木材のニュアンスとして楽しめるならば断然イペをおすすめしています。

多目的に使えて、暮らしにゆとりが生まれる畳室。

64

暮らしにゆとりを生む畳の間

畳の間は、とても使い勝手のいい空間です。お昼寝したり、洗濯物をたたんだり、客間にしたりと、広さが限られる小さな家にとって、いろんな用途に使える空間はとても重宝します。

畳の素材や構造も、さまざまあります。私が設計する住宅でよく取り入れるのは、琉球畳や縁のない畳です。和の雰囲気が全面に出すぎず、フローリングやソファのあるモダンな空間と並んでも、自然になじみます。

通常の畳は、い草の畳表の下に藁床《わらどこ》が入っていますが、最近はスタイロフォームという断熱材の畳床を使った畳（スタイロ畳）、木材の屑《くず》を圧縮した畳床を使った畳などがあります。スタイロ畳は、本来の畳に比べると、約20㎜と薄手で、値段も安価です。クッション性や吸湿性は劣りますが、断熱性はあります。ただし、本物の琉球畳は60㎜以上の厚みがあり、畳そのものが少し柔らかく寝転んでみるとその心地よさは格別。本物の畳にまさるものはありません。

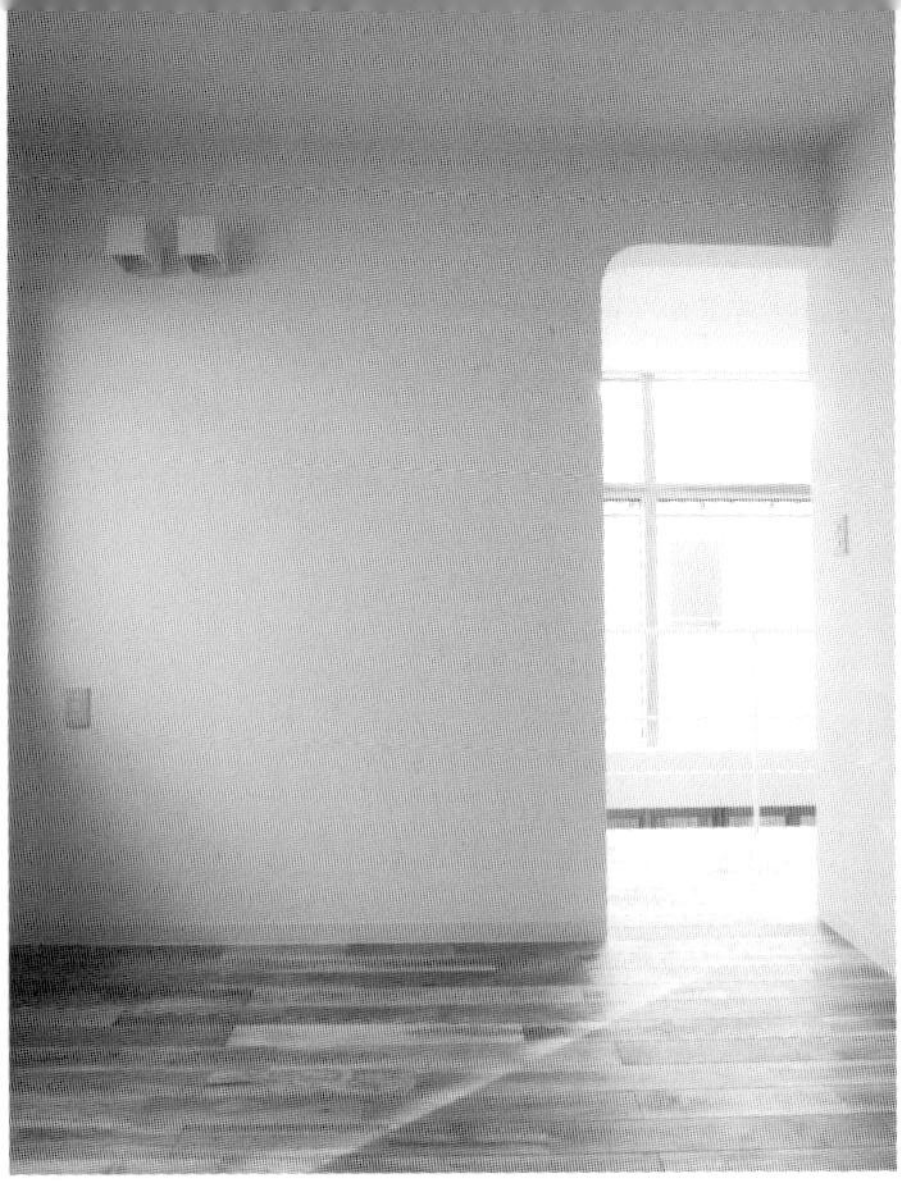

小さな家では室内ドアの存在感は強すぎないほうがいい。

65

壁や室内ドアはシンプル主義

都会で小さな家を建てるときは、和室など嗜好を凝らしたい場合を除き、各部屋にはほぼ壁と一体化するドアを取り付けます。フラッシュドア（平面ドア）と呼ばれるもので、装飾的な凹凸やプリントされた木目などを付けず、板材を両面に貼ったごくシンプルなドアです。

ドアが壁と一体化することで、視覚的に壁の広がりを感じさせることができます。部屋によっては、ガラス入りのフラッシュドアで採光を確保することもあります。

壁にガラスブロックを取り入れることもよくあります。

外壁として使うこともありますが、たとえば、廊下と部屋、階段と部屋を区切る壁に使ったり、室内の壁として使うことも。

天窓を取り付けたスケルトンな階段ならば、壁をガラスブロックにすることで、隣接する部屋に自然な光が差し込みます。こうすることで、北側の部屋でも明るさが確保できるのです。

玄関から室内まで同一タイルで統一。

66

内と外をあいまいにして、広く見せるタイルの効果

南仏やイタリアの別荘のような開放感、あるいは都会のモダンな雰囲気を醸し出せるのが、タイルテラスの魅力です。ウッドデッキなどに比べると、傷まないのでメンテナンスがラクというメリットもあります。

タイルは玄関ポーチやテラスなど外構部分に使うことが多いものですが、リビングやキッチンまで同じタイルを敷きつめて、内と外の境界をあいまいにして、ひとつづきの広々とした空間をつくることもあります。

室内にタイルというと、ちょっと驚かれるかもしれませんが、実際に住まわれた施主さんの話を聞くと「住みやすい！」という声が圧倒的です。汚れにくく、傷つきにくく、水にも強いので、気兼ねなく生活できます。さらに、お掃除もモップで拭けばピカピカになるので、気持ちよく暮らせるとのことです。

夏はひんやりと心地よくて快適。冬も気持ちよく過ごせるように床暖房を入れるといいでしょう。磁器質のつるりとしたタイルタイルの床とらせん階段で、外国の家のような空間に。

ではなく、テラコッタのような土の風合いを残したタイル、天然石を模した自然な凹凸のあるタイルならば、滑りやすさも軽減します。

素材は国内のメーカーから選ぶこともありますが、よく使うのはイタリア製の輸入タイルです。価格は日本のものより安く、厚みやサイズなどにばらつきがあることもありますが、外で使うぶんにはさほど気にならないと思います。室内で使用するときは、多めに仕入れて選別したり、価格帯をワンランク上げるなどしています。

イタリア製のタイルの魅力は、色や素材の種類がじつに豊富なこと。あちらでは壁面や床材に古くからタイルを取り入れている家づくりの伝統があるだけに、たとえば、ベージュ一つとってもさまざまなトーンや色調があり、素材感も多彩です。

色に関しては、白っぽい膨張色を選ぶことが多いです。空間の広がりが生まれ、室内の明るさが際立つためです。シックさを際立たせたいということであれば、締め色として黒やグレーのタイルを使うのもありだと思います。

5章 世界に一つだけの素敵な家をつくろう

家づくりのスケジュール

施主さんにもよりますが、建築家と家を建てる場合、一般的には全体で1年から1年半ぐらいが目安です。ただし、土地探しからお手伝いすることもあるので、その場合はそれより長いお付き合いになります。

ご予算をうかがったうえで、建物と土地にかけられる金額をそれぞれざっと振り分けますが、それで足が出てしまうようならば、土地の条件を下げることを提案することもあります。北側道路の土地や旗竿地でも、建物の設計しだいでデメリットをメリットに変えることもできるからです。

私のところに来られるお客様は、すでに土地を決められている方とそうでない方が半々ぐらいです。

土地を確保してから、面談などを重ねてプランを組み立てる設計期間が5カ月ぐらい。その後、その設計図をもとにさらにご要望をもとに修正したり、金額を調整する見積もり期間が2カ月。この間、設計図をもとに家と外構の模型を組み立て、見本などを

とりそろえて、家のイメージを具体的につかんでいただけるようにしています。
設計が確定したら、工務店に依頼して建築に入ります。建築期間は建てる場所や条件にもよりますが、だいたい約半年。地下室がある場合や構造や規模によっても期間は若干異なってきます。

コストダウンの知恵の出しどころ

限られた予算でいい家を建てる――そのためには、やりくりの知恵も必要です。ただし、安くなればいいというものではなく、安くあげた結果、満足度が低くなったり、使い勝手が悪くなったりするのは考えものです。

つまり、限られた予算でいい家を建てるには、お金をかけるべきところと、そうでないところの判断基準を明確にしておく必要があるのです。

住まいへのお金のかけ方は、施主さんや建築家の価値観が反映されるので、一概には言えませんが、私の考えでは「空間を優先

する」という判断基準をもっています。
たとえば、リビング。床材を上質な無垢材にするか、あるいはテラスにつながる掃き出し窓を、家の間口に合わせてオーダーメイドにするか――どちらかの選択を迫られたら、私は窓をオーダーメイドするほうを選択します。
究極の住みやすさ、住まいの美しさは「素材」によってもたらされるのではなく、「空間」から生まれるものだと考えています。玄関から家の中に入ったとき、天井がどのぐらい天高く抜けているのか、ダイニングでくつろいでいるときに光や風がちょうどよく差し込んでいるか、リビングの開口部が大きく開けてテラスとひとつづきの空間になっているか。空間のもたらす居心地――それが家にとっていちばん大切な要素です。
素材選びに関しては、もちろんプロの目線からアドバイスできることもありますが、施主さん自身のセレクトでも補える部分です。しかし、心地よい空間づくりに関しては、建築家だからこそ、施主さんのライフスタイルや好みに合わせてベストと思えるものを提案できると考えています。

細かなコストダウンの知恵は、いろいろあります。

洗面所の収納は費用のかかる戸棚や引き出し棚ではなく、シンプルなオープン棚にする、照明器具などの設備機器を施主さん支給にする、あとから仕切れる壁やドアは省略する、室内の壁のペンキ塗りは家族でおこなうなど、やり方しだいでは予算をかなり抑えることもできます。

ただし、洗面ボウルや水栓、トイレ、エアコンなどの設備を施主支給にする場合、きちんと前もって工程や現場の収まりをすり合わせする手順を踏まないと、トラブルや失敗のもとになりやすいことがあるので気をつけてください。

実際の家づくりは、予算との闘いでもあります。お金をかけるべきところにしっかりかけて、省略したり、あとまわしにできるところは削って、コストを抑える。そうした取捨選択の判断基準がブレないよう、私の場合は、建築設計費用は、一般的な工事費用のパーセンテージ計算ではなく、「床面積に対してのパーセンテージ」で計算するようにしています。

良質で価格の高い材料を選択すれば、それに合わせて建築設計

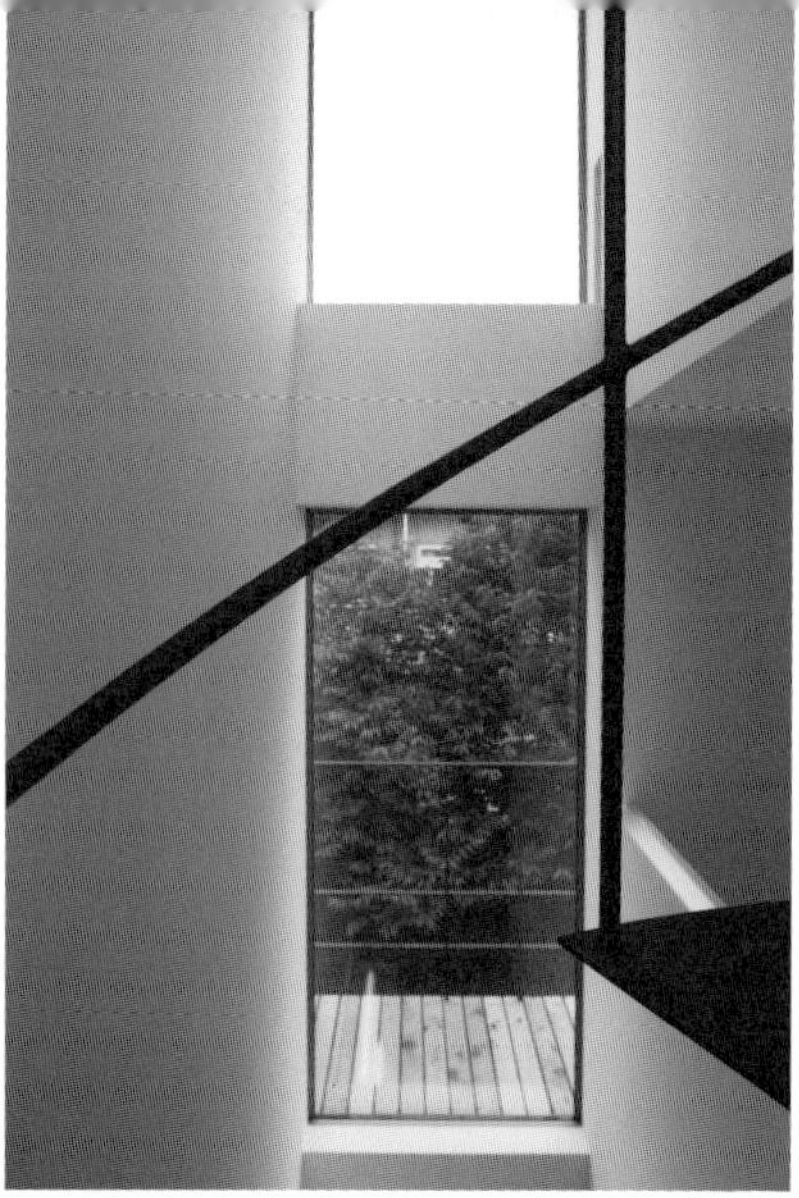

費用もはね上がり、安価な材料にすれば建築費用も下がるのでは、双方にとって、本当のいい家づくりにつながりにくいと考えるからです。
建築家としっかり話し合いをしたうえで、賢く予算内に抑える方法を見つけていただきたいと思います。

建築家との上手な付き合い方

家を建てるときにいちばん大切なのは、住む人のライフスタイルや「こんな家に住みたい」という夢だと思います。流行や常識、住宅の専門知識などは必要ではなく、ご自身の「これがいい」「こんなのが好き」という、直感に近い感覚がいちばん大切なのです。

私の場合、できるだけ施主さんとの会話を重ねて、ご家族の毎日のことや、家族で大切にしていることを聞き出すようにしています。

それは住まいのことに限らず、趣味や好きなこと、食の話、住

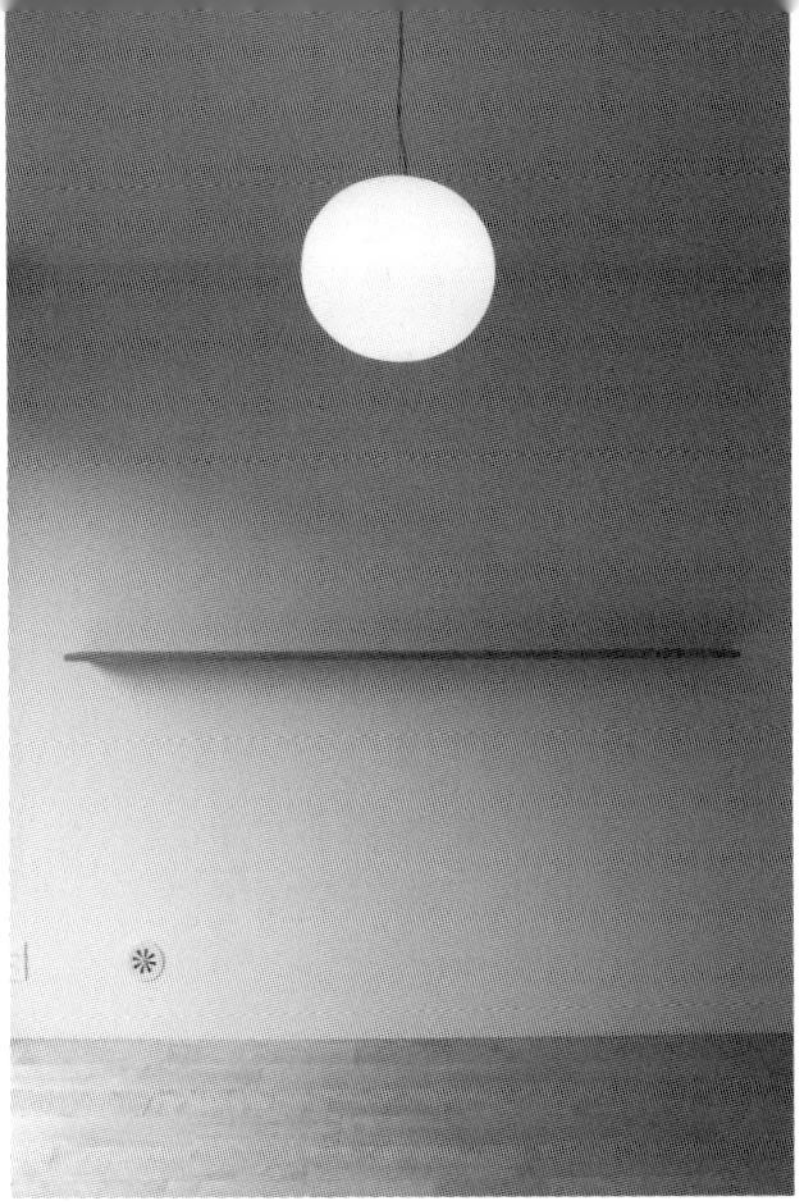

んできた家の歴史であったり――そうしたなにげない話の端々に、施主さんの感性や好きな空間を知るヒントが隠されていることも多いのです。

家は施主さんのものですから、私自身のこだわりはニュートラルな状態にして、施主さんの好きなテイストをくみ取って家に取り入れていくことをつねに考えています。

そして、私に依頼してくれるのは、家づくりのイメージで共有しあえる部分が大きかったということでもあります。ですから、施主さんの好みと私の理想の家づくりを融合させたところで、私から一歩踏み込んだ提案をできたらと考えています。

実際の家づくりは、必要なものとそうでないものをより分ける取捨選択の連続でもあります。

部屋の数や明るさ、素材や色、設備や使い勝手など施主さんのご希望をすべて聞き出したうえで、どこが実現可能なのか、空間の心地よさを確保するためにどこを削らなければならないのか、そうした提案は、要所要所でおこなっていきます。ここは、建築のプロとしての経験と知識を総動員しておこなう部分なので、最

終的にはゆだねていただく気持ちも大事かなと思います。建築家は、建築や住まいについて考えている時間は施主さんより圧倒的に長いわけですから、知っている情報量がちがうのです。
　私のところにいらっしゃる施主さんは、ファミリー世帯が8割ほどですが、ご夫婦、あるいは独身の方など家族形態はさまざまです。ファミリーといっても、お子さんが小さいお宅もあれば、すでに大学生になられているお宅もあります。ご夫婦でも定年退職後に、ついのすみかとして自分たちの暮らしに合った小さな家をもとめられることもあります。
　ご家族それぞれのライフスタイルや考え方を尊重して、皆さんがいつまでも笑顔で幸せに暮らせる家を考え抜く——それが建築家の役割なのです。

■ 写真提供

梶原敏英　3（左上)、4、5(右上・左下)、141

大野繁　28、63、84、85、102、110、114、115、139

新澤一平　6、7、8、9、14、15、16、17、23、24、26、44、45、60、61、117、124、147

㈱アドグラフィック　19(左下)、51、82、98、137

㈱ウェイ　イエフォト　64、65

他、すべて大塚泰子

■ 企画協力

㈱栄伸建設	㈱幹建設
本間建設㈱	㈱晃栄ホーム
㈱秀建	㈱リビング
中鉢建設㈱	㈱ハセケン
㈲リモルデザイン	電気硝子建材㈱
江中建設㈱	遠藤植木
㈱栄港建設	市川建具

■ 編集協力

麻生泰子

著者略歴

大塚泰子 おおつか・やすこ

建築家。ノアノア空間工房代表取締役。日本大学非常勤講師。大妻女子大学非常勤講師。1971年千葉県生まれ。日本大学生産工学部建築工学科卒業。同大学院生産工学研究科博士前期課程建築工学専攻修了。大学院修了後、1996年株式会社アーツ&クラフツ建築研究所に入所、杉浦伝宗に師事する。「ちっちゃな家#1」、敷地わずか9.6坪の母の家が初めての担当作品となる。その後「ちっちゃな家」シリーズとして反響を呼ぶ。2003年有限会社ノアノア空間工房を設立。「どうしたら建築がゆたかさを育てるのか」をテーマに、これまでに約80軒の住宅設計、20店の店舗設計を手がける。趣味は写真と旅行。自分で手がけた建築はできるだけ自分の手で撮影したいと思っている。

●受賞歴

1996年 修士論文『商業基盤施設のイメージ効果に関する研究』齋藤賞

2008年『ami cafe』釧路市景観賞奨励賞

2013年『K/HOUSE』第20回 空間デザイン・コンペティション 入選

2014年『N/HOUSE』『新田の家』第13回金属サイディング施工例写真コンテスト 入選

2015年『双倉の家』第22回 空間デザイン・コンペティション 優秀賞

2018年 DISCOVER THE ONE JAPANESE ART 2018 in LONDON 審査員特別賞

●ノアノア空間工房：http://www.noanoa.cc/

小さな家のつくり方
女性建築家が考えた66の空間アイデア

2016年10月19日 第1刷発行
2018年10月26日 第3刷発行

著　者 大塚泰子
装幀者 三木和彦(Ampersand works)
本文デザイン Ampersand works
発行者 藤田　博
発行所 株式会社草思社
〒160-0022 東京都新宿区新宿1-10-1
電話 営業 03(4580)7676 編集 03(4580)7680

印刷所 中央精版印刷株式会社
製本所 株式会社坂田製本

ISBN978-4-7942-2224-4 Printed in Japan 検印省略